문화유산 현장에서 배우는
경복궁 千字文

문화유산 현장에서 배우는 경복궁 千字文

1판 1쇄 발행 2015년 10월 15일

지은이 주복식　**펴낸이** 김한규　**편집·디자인** 이진희
교정·교열 김한규, 주은지　**발행처** 톱스타출판사
전화 031-906-9045　**e-mail** jbs59@hanmail.net
ISBN 979-11-950829-2-6

톱스타출판사를 만나면 책이 즐거워 집니다!

일러두기(내용보기)

1. 현장사진은 필자와 사진작가 주명기 선생이 촬영하였다. 필자사진은 생략하였으나, 차용한 자료사진이나 작가의 사진은 이름이나 출처를 표시하였다.
2. 한자 글씨 풀이는 직역을 먼저하였으며, 의역이나 사용례는 뒤에 첨가하는 것으로 하였다. 현판을 우선하였으나 없는 것은 한글 글씨체에서 조합하였다.
3. 출전은 필요한 부분은 밝히고 통합하여 뒤에 참고문헌에서 밝혔다.
4. 경복궁 내 외부사진들은 경복궁 관리소 협조로 이루어졌다.
5. 12지역으로 나눈 것은 최대한 관람 동선에 맞춘 것으로 외전 내전 후원 개념은 아니다.
6. 꼭 순서별로 보아야 할 필요는 없지만 필요한 부분을 우선 볼 수 있다. 개략적 사진과 총론부분을 보고 부분적 각론을 보는 것이 이해가 쉬어진다.
7. 칠궁과 종친부는 경복궁에서 관리도 하지만 담장과 연결된 것으로 볼 수 있기에 관람이 가능한 곳으로 포함하였다.
8. 현판없는 명칭한자는 현판처럼하여 알아보기 쉽게 하였으나 테두리에 엷은 검정색을 두어 글씨를 알아보게 하였다.
9. 북궐도형, 배치도, 현황도를 비교하여 보면 경복궁이 연결되어 쉽게 볼 수 있고 지역별 요도에는 현판이 걸려있는 쪽에 이름표를 넣었다.

문화재 현판으로 배우는 경복궁 千字文

contents 차 | 례

들어가는 말   10

I. 경복궁 이해

1. 조선건국과 역사   18
   가. 조선왕 묘호와 능호   22
   나. 북궐도형   24
   다. 오방신 현황(음양오행과 팔괘)   25
   라. 경복궁 배치도   26
   마. 경복궁 현황도   27

2. 경복궁과 건축적 특징   28
   가. 현판 글씨색과 건물명칭 체계   39
   나. 건축 용어   41
   다. 단청 종류   42
   라. 지붕 종류   44
   마. 광화문 현황(팔괘)   46
   바. 팔괘(음양오행 강녕전 5동, 사정전 3동을 합하여 팔괘)   49

3. 조경적 특징   53
   가. 굴뚝 종류   56
   나. 함실아궁이   58

4. 궁중 생활   60
    가. 어정 종류   64
    나. 창호 종류   66
    다. 산실청(건순각)   68

5. 경복궁 십이경   70
• 광화문과 수문장 교대의식, 영제교, 근정전, 경회루, 사정전, 강녕전
교태전 아미산굴뚝, 자경전 십장생굴뚝 향원정, 신무문과 청와대,
인왕산과 부처님바위, 경복궁의 주산인 명승 북악산(용의 눈).

II. 경복궁 현판으로 배우는 천자문

1. 光化門 광화문 지역 地域   86
• 광화문, 해치, 수문장청, 영군직소, 초관처소, 용성문, 협생문, 동십자각
경복궁, 국립고궁박물관, 사직단

2. 興禮門 흥례문 일곽 一郭   97
• 흥례문, 유화문, 기별청, 덕양문, 영제교, 오지창(부시망)

3. 勤政殿 근정전 일곽 一郭   102
• 근정전, 근정문, 일화문, 월화문, 품계석, 융문(무)루, 상(하)월대·어도, 난간석
십이지상, 일월오봉도, 청와대, 박석, 행각, 향로, 차일고리, 서수가족.

4. 思政殿 사정전 일곽 一郭   122
• 사정전, 사정문, 만춘전, 천추전, 용신당, 협선당, 사현문, 연태문
천자고 등, 앙부일구(해시계), 합각글씨들.

5. 慶會樓 경회루 지역 地域   130
• 경회루, 잡상, 하향정, 필관문, 이견문, 함홍문, 자시문, 만시문, 수정전, 영추문

6. 康寧殿 강녕전 지역(소주방 포함)   137

• 강녕전, 향오문, 연생전, 경성전, 연길당, 응지당, 안지문, 청심당, 연소당
  용부문, 건의당, 지도문, 수경당, 계광당, 흥안당, 내성문, 강녕전 어정, 만수무강
  천세만세, 소주방, 복회당, 난지당.

7. 交泰殿 교태전 일곽   148

• 교태전, 양의문, 원길헌, 함홍각, 만통문, 재성문, 함형문, 원지문, 연휘문
  체인당, 승순당, 보의당, 내순당, 함원전, 흠경각, 선장문, 대재문, 아미산굴뚝
  낙하담, 함월지, 건순각, 건순문, 자선당, 융화당.

8. 泰元殿 태원전 일곽   159

• 태원전, 영사재, 공묵재, 인수문, 유형문, 건숙문, 경안당, 숙문당, 일중문
  홍경문, 대서문, 보강문, 기원문, 건길당, 경사합, 유정당, 세답방.

9. 乾淸宮 건청궁 지역(집옥재 포함)   166

• 건청궁, 장안당, 초양문, 추수부용루, 필성문, 곤녕합, 옥호루, 사시향루
  함광문, 정시합, 정화당, 청휘문, 녹금당, 복수당, 인유문, 관명문, 취규문
  경화문, 집옥재, 협선당, 광임문, 신무문, 계무문, 광무문, 향원정, 취향교
  열상진원, 국립민속박물관.

10. 咸和堂 함화당 일곽   188

• 함화당, 집경당, 향명문, 봉양문, 승광문, 영지문, 예성문, 장고, 창무문, 하지
  영춘문, 응복문, 백상문, 진덕문, 진거문, 풍기대.

11. 慈慶殿 자경전 일곽   200

• 자경전, 청연루, 만세문, 협경당, 십장생굴뚝, 재수합.

12. 東宮 동궁 지역(종친부, 칠궁 포함)   209

• 동궁, 자선당, 비현각, 중광문, 이극문, 구현문, 진화문, 이모문, 숭덕문, 미성문
  길위문, 삼비문, 건춘문, 종친부, 경근당, 옥첩당, 칠궁, 저경궁, 대빈궁, 육상궁
  연우궁(연호궁), 선희궁, 경우궁, 덕안궁, 냉천정, 자연, 송죽재, 풍월헌, 삼락당

마무리 말   226
참고문헌   230
찾아보기   231

추 / 천 / 사

우리의 일상에 한자와 함께하던 시대가 있었다. 한자가 우리 문화의 중심에 서 있기도 했고, 우리 문화를 이끌어 나가던 때도 있었다. 그러나 한글 전용시대가 되면서 한자는 우리에게서 멀리 떨어져 있게 되었고, 아주 쉬운 한자도 읽지 못하는 세대가 대세가 된 것이 작금昨今의 현실이다. 자기 자신의 이름에 한글은 물론이며 한자로도 쓸 수 있음에도 불구하고, 한자로 이름이 있다는 것조차 모르는 세대가 있다면 놀랄 수도 있을 것이다. 그러나 이것이 우리의 현실이다.

최근 들어 문화유산에 관심을 갖는 사람들이 늘어나고, 우리의 문화유산을 찾아 떠나는 사람들도 늘어나고 있는 실정이다. 더구나 매년 세계유산, 세계무형유산, 세계기록유산으로 우리의 유산들이 등재되면서 사람들의 관심은 더욱더 높아지고 있다. 이제는 우리가 지닌 문화유산을 다시 배우고 우리의 것임을 확인하는 시대가 되었다. 우리나라 곳곳에 있는 문화유산文化遺産 현장現場에는 어디를 가든지 어린이들부터 나이가 많은 어르신들까지 함께 만날 수 있다.

이렇게 문화유산에 대한 관심이 높아지고 있는 시기에 문화유산 현장에서 배우는 교육은 그 효과가 매우 높다. 현장에서 배우는 한자는 왜 그곳에 그러한 한자가 쓰여지고 있는지를 배우면서 그 의미를 쉽게 이해할 수 있을 것이다. 더구나 가족이 함께 현장에 가서 부모나 조부모로부터도 배울 계기를 마련할 수도 있다.

바로 이렇게 우리의 문화유산 현장에서 한자까지 배울 수 있도록 만들어진 책이 출판되었다. 이는 배우는 어린아이들, 학생 세대뿐만 아니라 부모세대에도 자녀들을 교육시킬 수 있는 훌륭한 학습 자료로써 역할을 충실히 할 수 있다고 본다. 이번에는 조선시대 정궁이었던 경복궁에 관한 내용이지만, 앞으로 다른 궁이나 문화유산에서도 같은 내용의 책이 출판될 수 있기를 기대해 본다. 또한 모든 사람들이 한 번은 이 책을 손에 들고 현장을 방문하여 한자교육과 함께 우리의 문화유산을 되돌아볼 수 있는 계기가 될 수 있기를 희망한다.

이혜은
동국대학교 교수
(사)이코모스한국위원회 위원장

들어가는 말

대한민국의 발전은 자랑스러운 역사의 조각들이 있었기 때문이다. 그 조각들은 온전한 것만 있는 것이 아니라 깨지고 어긋나 삐뚤어진 조각들도 있다. 이러한 갈라진 조각을 제대로 맞추고 빚고, 갈고, 닦은 사람들이 있었기에 나라가 유지되고, 성장할 수 있었던 것이다. 그 위기를 슬기롭게 이겨내 현재는 다른나라들로부터 제법 부러움을 사는 나라가 되었다. 그래서 그 빛나는 유산에 걸맞는 국격國格을 갖춰야겠다. 조선왕조의 정궁인 "경복궁"은 큰복을 받는 집으로, 경사스러운 모임경회루慶會樓을 많이하고 생각사정전思政殿하면서 부지런근정전勤政殿하게 정치를 하면 태평성세가 오래가는 왕조가 될 것이라는 뜻으로 지었다.

경복궁은 조선초기 1394년태조3년 건축되었다. 경복궁을 이해하려면 궁궐을 조성할 때의 사상적 배경을 아는 것이 중요하다. 성리학을 바탕으로 조선이라는 국가를 세웠기 때문에 궁궐을 세울 때에는 기본바탕에 성리학적 사상을 두고 그 위에 도교, 불교, 전통사상을 포함하여 지어졌다. 그 시대의 종합적 사상을 바탕에 두고 건물 이름이 지어졌다. 경복궁 중건시에 사대문 현판

글씨를 무관들에게 쓰게 한 것은 군대의 힘을 빌려 왕조의 안녕을 바라고 쓴 것으로 보인다. 따라서 성리학적 음양오행사상, 도교의 신선사상, 불교의 극락사상, 전통의 산신각을 이해하면 쉽게 접근할 수 있다.

이 책은 한자를 익히면서 배우는 조선궁궐 중 경복궁의 소개서이며, 현장을 찾기 쉽게 지역적으로 구분하여 설명하였다. 궁에는 외전, 내전, 궐내각사 지역으로 구분하기도 하고 외조, 치조, 연조 3조로 이야기하기도 한다. 광화문에서 사정전까지를 외전이라 하고 내전은 강녕전 교태전 등 후원까지 이르는 넓은 공간이다. 원칙은 정해져 있으나 필요에 의하여 편리하게 사용한 것이 조선궁궐의 특징이다. 경복궁내 현판은 모두 한자로 씌어져 있어서 이해하기 어렵지만 한글과 한자 그리고 건물 등 연계성을 가지고 배우면 더욱 이해하기 쉬울 것이다.

이 책은 크게 '경복궁 이해'와 '경복궁 현판으로 배우는 천자문'으로 구성되어 있다. 경복궁의 이해에서는 행사 장면같이 큰 그림으로 볼 수 있는 재현 행사 모습으로 표현하였으며, 천자문에서는 건물과 현판글씨를 알아볼 수 있도록 구분하여 정리하였다. 십이지조각상은 사진과 한자를 동시에 연결하여 글자를 알 수 있도록 구성하였다. 그냥 음으로만 읽을 때와 의미까지 생각하면서 읽을 때와는 확연히 다른 느낌을 갖게 될 것이다. 한자인 천자문 중에서 우선 현판 글씨를 이해하고 암기한 뒤에 조금 더 배우고자 한다면, 주련을 통해서 현장에서 한 단계 높은 글자를 배우는 기회가 될 것이다. 어린이가 한글을 배우면서 길가의 간판으로 알아가던 기쁨과, 외국어를 배울 때에도 비슷한 일이 일어났던 기억이 난다. 새롭게 배우는 즐거움은 한자 현판을 알아가는 과정에서도 마찬가지라 생각한다. 한자를 버리고 한글만 강조해서는 성숙된 문화를 만들 수 없다. 한자와 조화가 될 때에 더 큰 가치를 발휘할 수 있다. 국민소득 백달러, 천달러, 일만달러, 오만달러 시대에는 각각 시대에 맞게 문화는 변화 되어야 한다. 그래야만 그에 걸맞게 사회, 문화적 가치 상승이 되는 것이다. 한자와 한글을 떼어 놓고서는 그 의미를 제대로 이해할 수 없다. 한글만 사용하는 것이 우리의 자긍심을 높이는 것이 아니고 한자를 쓴다고 해서 사대주의에 젖어 있다고 할 수 없다. 더욱이 오늘날 글로벌시대에서는 어떤 나라의 문자이든 우리의 것으로 수용하고 함께 승화시켜 내는 것이 중요하다. 더욱이 우리의 역사와 사상과 뼈속 깊숙이 남아 있는 한자와 불가분의 관계에 있다. 보다 성숙된 문화적 가치와 미래를 위한 역사와 자연을 배우고자 하는 분들에게는 이책이 많은 도움이 되고 내적 성장의 매개체가 되리라 확신한다.

지금까지 시중에 나온 궁궐의 이야기는 대부분 건축과 역사에 대한 설명들이었으나 이 책에서는 지리학적 설명과 현장경험을 추가하여 이해하기 쉽도록 표현해 보았다. 한 글자 한 글자 정성을 다해 작성하였으며, 궁궐에서 사용된 글자들은 고급단어와 상징성을 가진 한자들이 많지만 알기쉽게 표현했다. 천박한 글자도 있는 그대로 묘사할 수 있었으나 정서순화에 도움이 되는 말들로 표현하였다. 이 책을 통하여 한자와 한글이 어우러져서 실생활에 도움이 되고 한자의 즐거움을 느끼고 공부할 수 있는 기회가 되었으면 한다.

부족하지만 이책이 세상에 태어나기까지 도와주신 분들께 진심으로 고마움을 전하며, 지속적으로 보완하여 더욱 더 흥미롭게 역사와 한자와 우리를 알아가는데 노력할 것이다.

2015. 9.

주복식

문화유산 현장에서 배우는

景福宮 천자문
경복궁 千字文

I. 경복궁 이해

1. 조선건국과 역사
2. 경복궁과 건축적 특징
3. 조경적 특징
4. 궁중 생활
5. 경복궁 십이경

II. 경복궁 현판으로 배우는 천자문

1. 光化門 광화문 지역
2. 興禮門 흥례문 일곽
3. 勤政殿 근정전 일곽
4. 思政殿 사정전 일곽
5. 慶會樓 경회루 지역
6. 康寧殿 강녕전 지역(소주방 포함)
7. 交泰殿 교태전 일곽
8. 泰元殿 태원전 일곽
9. 乾淸宮 건청궁 지역(집옥재 포함)
10. 咸和堂 함화당 일곽
11. 慈慶殿 자경전 일곽
12. 東宮 동궁 지역(종친부, 칠궁 포함)

I

경복궁의 이해

I. 경복궁 이해

1. 조선건국과 역사

　　삼국시대 통일신라 그리고 고려는 불교를 바탕으로 국가를 경영하였고, 조선은 고려의 문제점을 개선하고자 성리학으로 국가를 통치하였다. 중국 한나라 이전부터 공자나 맹자의 유교가 조금씩 유지되어 왔으나 현실에서 더 이상 적극적으로 유지할 수 없었다. 당나라 송나라가 안정되고 성장하면서 불교에 반발한 송나라 주희가 유교를 재정립한 성리학이 발생되었다. 원나라를 멸하고 명나라를 건국한 태조 주원장은 통치이념으로 성리학으로 내세운 것이다. 우리나라도 예외는 아니어서 불교의 문제점이 많이 나타나는 고려후기에 성리학이 들어와 신진사대부가 성장하면서 고려를 멸망시키고 새로운 왕조를 세운, 조선도 성리학을 통치이념으로 정한 것이다. 조선은 27대 왕 518년간 왕권을 유지한 나라이다. 일본에 의하여 조선이 망하기까지 법궁이며 제1 정궁인 경복궁은 불타고 중건하기를 반복하다가 일제에 의하여 중요한 근정전 경회루 일부 건물만 남기고 대부분 철거 되었다. 식민통치에 장애가 되는 건물들은 없애고 일제가 필요한 총독부건물이나 신사를 많이 지었다. 해방이 되고나서 총독부 건물은 오랫동안 중앙청이나 박물관으로 사용하였다가 1997년에 역사바로 세우기 일환으로 철거되었다. 1990년 이후 경제가 발전하면서 경복궁 복원정비계획에 따라 강녕전, 교태전이 1995년, 동궁 1997년, 흥례문이 2000년, 태원전이 2005년, 건청궁이 2007년, 광화문이 2009년에 복원되었다. 추가로 훼손된 건물들은 복원 중에 있고 2015년 5월에 소주방을 복원 개방하였다. 경복궁은 조선왕조의 법궁으로 태조 이성계가 나라를 세우고 왕위에 오른후 지은 제1 법궁 정궁으로 중심 궁궐이다. 나라를 세우고 수도 서울를 물색하던 중 고려시대 남경자리였던 한양에

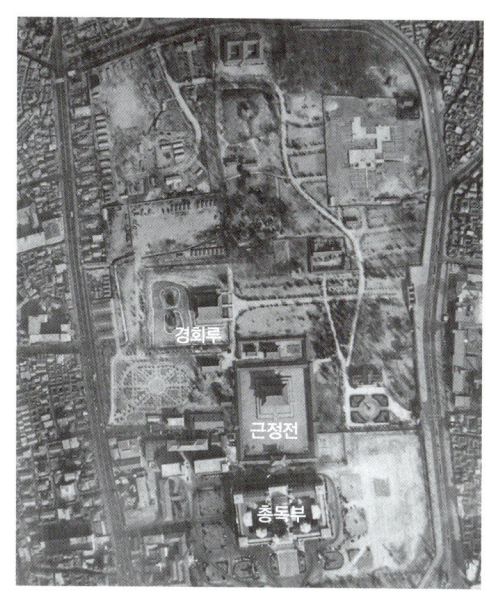

근정전과 총독부 건물의 방향이 3.5° 틀어져있다.
경복궁 1970년대 항공사진 문화재청 제공 ▲

영조때 그린 도성 그림으로 3개부서의 담당지역을 색으로 구분하였다. 성신여대박물관제공

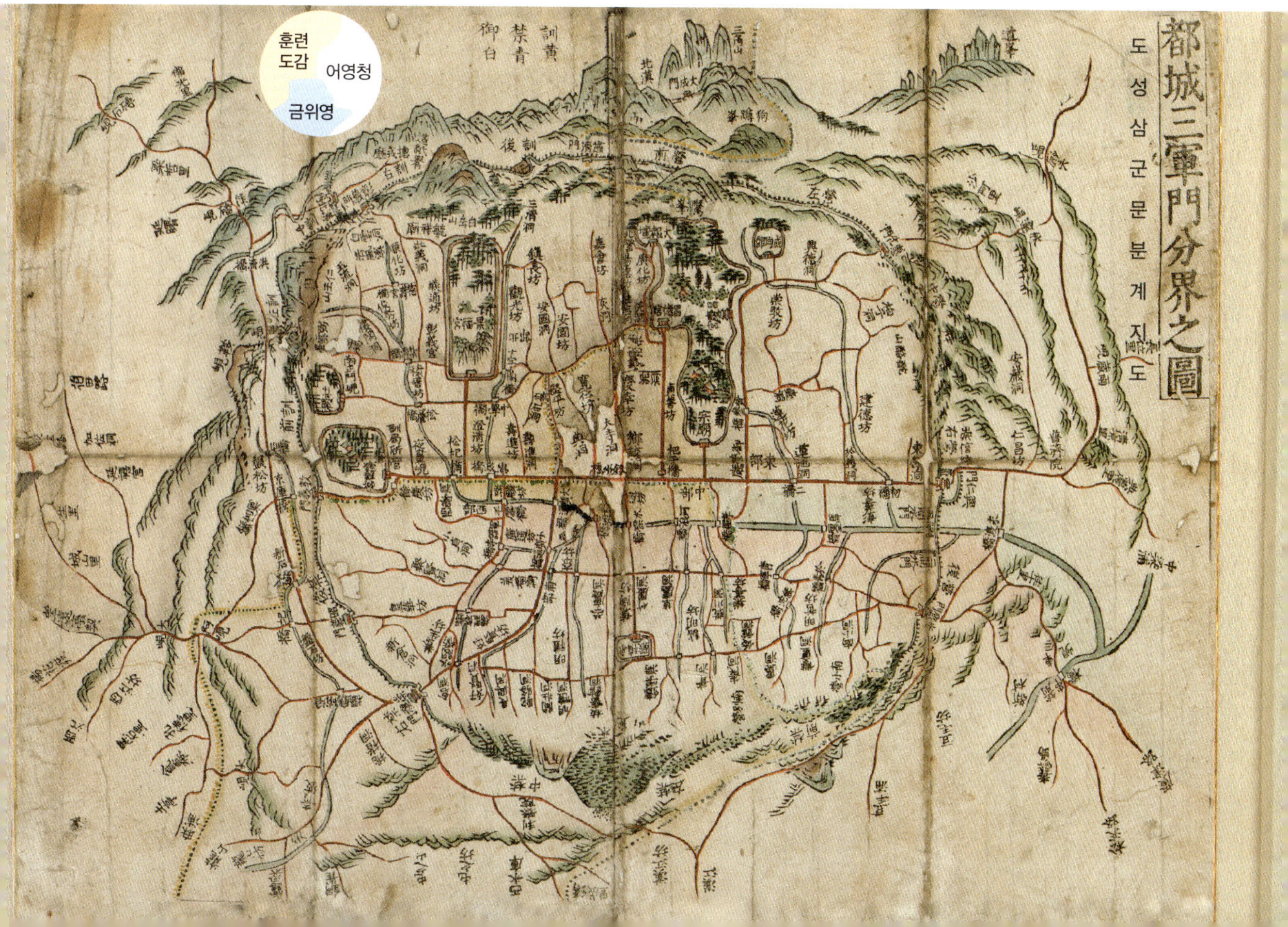

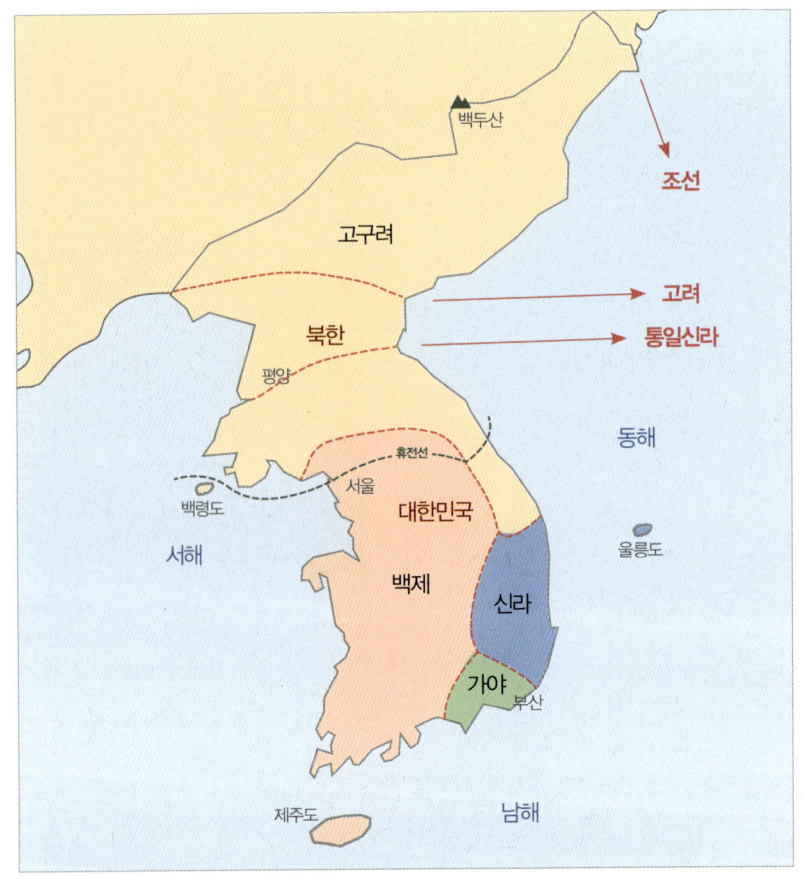

▶ 대한지형도. 통일신라는 대동강과 원산선, 고려는 의주와 함흥선, 조선은 압록강과 백두산 두만강의 영토이다.

궁궐을 짓고 그 주변에 성곽을 쌓아 도시를 만들었다. 풍수지리와 도교 사상에 의한 사신사를 두고 북으로는 백악산, 동으로는 낙산 타락산, 남으로는 목멱산, 서로는 인왕산을 두고 건설한 도시가 한양이다. 도성 안에 중심건물인 경복궁을 짓고 동으로는 종묘를 서로는 사직단을 지어 왕조의 건물배치를 구성하였다. 경복궁은 태조 4년 1395년에 창건 후 명종 때 화재로 소실된 것을 재건하였다. 임진왜란 때 왜군에 의해 완전 소실되었다가 마지막 왕 고종 2년 1865년에 착공한지 2년 후인 1867년에 완공한 궁궐이다. 왕실의 부흥과 권위를 높이기 위하여 무리하게 지었으나, 대한민국이 성장한 지금에서 보면 찬란한 문화유산으로서 흥선대원군에게 고마움을 느낀다. 조선 초기 왕들은 대부분 근정전에서 임금님으로 즉위하였으며, 기존의 조그만한 경회루를 태종시기에 확장 공사하여 외국 사신들을 맞이하고 연회

▶ 명승 북악산에 어울려 있는 경복궁 전경. 대한민국 박물관 8층에서 바라본 모습

를 베풀던 건물이다. 화재로 소실되어 중건 등 계속 지어진 건물들이 많다. 흥선대원군 시절에 대비인 신정왕후를 위해 지어준 자경전은 10여년 짧은 기간에 두 번이나 불탔고, 세 번째 지어진 건물이 지금까지 이어지고 있다. 일제시기에 한국인의 반발심을 최소화하기 위하여 한번에 못하고 지속적으로 많은 건물들이 철거되고 훼손되었다. 경회루와 수정전, 근정전 일원, 사정전 일원 자경전 일원 집옥재 일대만 남기고, 창덕궁의 내전이 불에 타자 1917년 강녕전과 교태전을 헐어다가 짓는데 사용하는 어리석은 방법을 범하고 말았다. 지금 돌이켜 생각해 보면 슬프고 안타까운 불행한 역사로 우리에게 말하고 있다. 총독부 건물은 흥례문과 영제교를 철거하고 그 자리에 지어 이용하다가 1996년 민족정신을 찾는 계기로 철거하여 원래 건물들을 복원하여 유지하고 있다.

우리나라 궁궐들을 돌아보면 역사적으로 신라 경주의 궁궐들과 고려의 개성 궁궐은 통치이념이 불교와 지리도참설에 의한 것으로 궁궐 터가 평지보다는 구릉지역에 지었졌다. 조선의 한양궁궐은 통치이념이 주자학에 의한 것으로 산이 감싼 넓은 개활지인 평지에 지어진 것이 바로 경복궁이다. 현재 우리나라의 정치체제는 자유 민주주의이지만 약 100년전만 하더라도 조선은 주자학 성리학, 유교 개념으로 이상적 도덕정치를 실천하고자 했던 나라였다.

가. 조선왕의 묘호(廟號)와 능호(陵號)

1대 태조(太祖 太클태大4 祖조상조示10) 건원릉(健元陵 健튼튼할건亻11 元으뜸·근본원儿4
陵큰언덕, 큰무덤릉{능}阜11)
제릉(齊陵 齊가지런할제齊14) 비 신의왕후 한씨
정릉(貞陵 貞곧을정貝9) 계비 신덕왕후 강씨

2대 정종(定宗 定정할정宀8 宗마루·근원종宀8) 후릉(厚陵 厚두터울후厂9)

3대 태종(太宗 太클태大4) 헌릉(獻陵 獻바칠헌犬20)

4대 세종(世宗 世대·세상세一5) 영릉(英陵 英꽃부리영艸9)

5대 문종(文宗 文글월문文4) 현릉(顯陵 顯나타날현頁23)

6대 단종(端宗 端바를단立14) 장릉(莊陵 莊장성할장艸11)
사릉(思陵 思생각할사心9) 비 정순왕후

7대 세조(世祖 世대·세상세一5) 광릉(光陵 光빛날광儿6)

8대 예종(睿宗 睿깊고밝을예目14) 창릉(昌陵 昌창성할창日8)
공릉(恭陵 恭공손할공心10) 비 장순왕후
추존왕 덕종(德宗 德덕덕彳15) 경릉(敬陵 敬공경할경攴13)

9대 성종(成宗 成이룰성戈7) 선릉(宣陵 宣베풀선宀9)
순릉(順陵 順순할순頁12) 비 공혜왕후

10대 연산군(燕山君 燕제비·잔치연火16 山뫼산山3 君임금군口7)
연산군 묘(燕山君墓 墓무덤묘土14)

11대 중종(中宗 中가운데중中4) 정릉(靖陵 靖편안할정靑13)
온릉(溫陵 溫따뜻할온水13) 비 단경왕후 송씨
희릉(禧陵 禧복희示17) 계비 장경왕후 윤씨
태릉(泰陵 泰클태水10) 2계비 문정왕후 윤씨

12대 인종(仁宗 仁어질인亻4) 효릉(孝陵 孝효도효子7)

13대 명종(明宗 明밝을명日8) 강릉(康陵 康편안할강广11)

묘호(廟사당묘广15 이름호號虎13)나 능호(陵阝11무덤릉{능})는 임금님 재위시나 살아생전의 업적을 한 글자로 부여하는 것이다. 묘호는 종묘에 모시는 이름이며 실록에 공이 있으면 조를 덕이 있으면 종을 붙힌다고 되어 있으나 조를 더 높게 평가하는 경향으로 세조, 선조, 인조, 영조, 정조, 순조 등 여섯 분이 더 있다. 능호는 왕릉 이름표이다.

14대 선조(宣祖 宣베풀선宀9) 목릉(穆陵 穆화목할목禾16)
15대 광해군(光海君 光빛광儿6 海바다해水10 君임금군口7) 광해군묘
　　　추존왕 원종(元宗 元으뜸·근본원儿4) 장릉(章陵 章글장立11)
16대 인조(仁祖 仁어질인亻4) 장릉(長陵 長어른·길장長8)
　　　　　　　　　　　　　휘릉(徽陵 徽아름다울휘彳17) 계비 장렬왕후 조씨
17대 효종(孝宗 孝효도효子7) 영릉(寧陵 寧편안할영{녕}宀14)
18대 현종(顯宗 顯나타날현頁23) 숭릉(崇陵 崇높을·존중할숭山11)
19대 숙종(肅宗 肅엄숙할숙聿12) 명릉(明陵 明밝을명日8)
　　　　　　　　　　　　　익릉(翼陵 翼날개익羽17) 비 인경왕후 김씨
20대 경종(景宗 景볕경日12) 의릉(懿陵 懿아름다울의心22)
　　　　　　　　　　　　　혜릉(惠陵 惠은혜혜心12) 비 단의왕후 심씨
21대 영조(英祖 英꽃부리영艸9) 원릉(元陵 元으뜸·근본원儿4)
　　　　　　　　　　　　　홍릉(弘陵 弘넓을홍弓5) 비 정성왕후 서씨
　　　추존왕 진종(眞宗 眞참진目10) 영릉(永陵 永길·오랠영水5)
　　　추존왕 장조(莊祖 莊장성할장艸11) 융릉(隆陵 隆클융{륭}阜12)
22대 정조(正祖 正바를정止5) 건릉(健陵 健튼튼할건亻11)
23대 순조(純祖 純생사·비단순糸10) 인릉(仁陵 仁어질인亻4)
　　　추존왕 문조(文祖 文글월문文4) 수릉(綏陵 綏편안할수糸13)
24대 헌종(憲宗 憲바칠헌宀20) 경릉(景陵 景볕경日12)
25대 철종(哲宗 哲밝을철口10) 예릉(睿陵 睿슬기로울예目14)
26대 고종(高宗 高높을고高10) 홍릉(洪陵 洪클홍水9)
27대 순종(純宗 純생사·비단순糸10) 유릉(裕陵 裕넉넉할유衤12)

나. 북궐도형

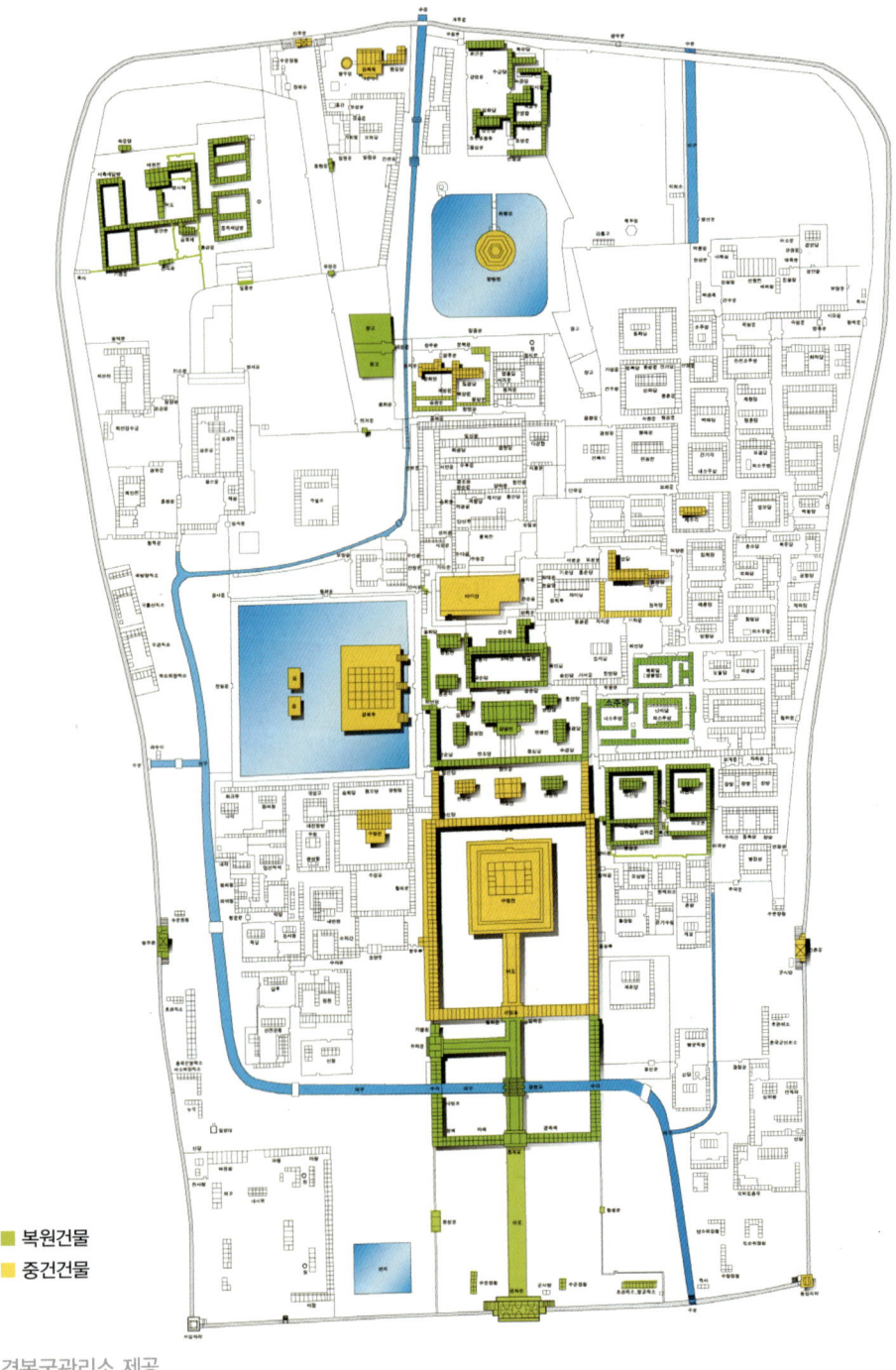

■ 복원건물
■ 중건건물

▶ 경복궁관리소 제공

다. 오방신 현황(음양 오행과 팔괘)

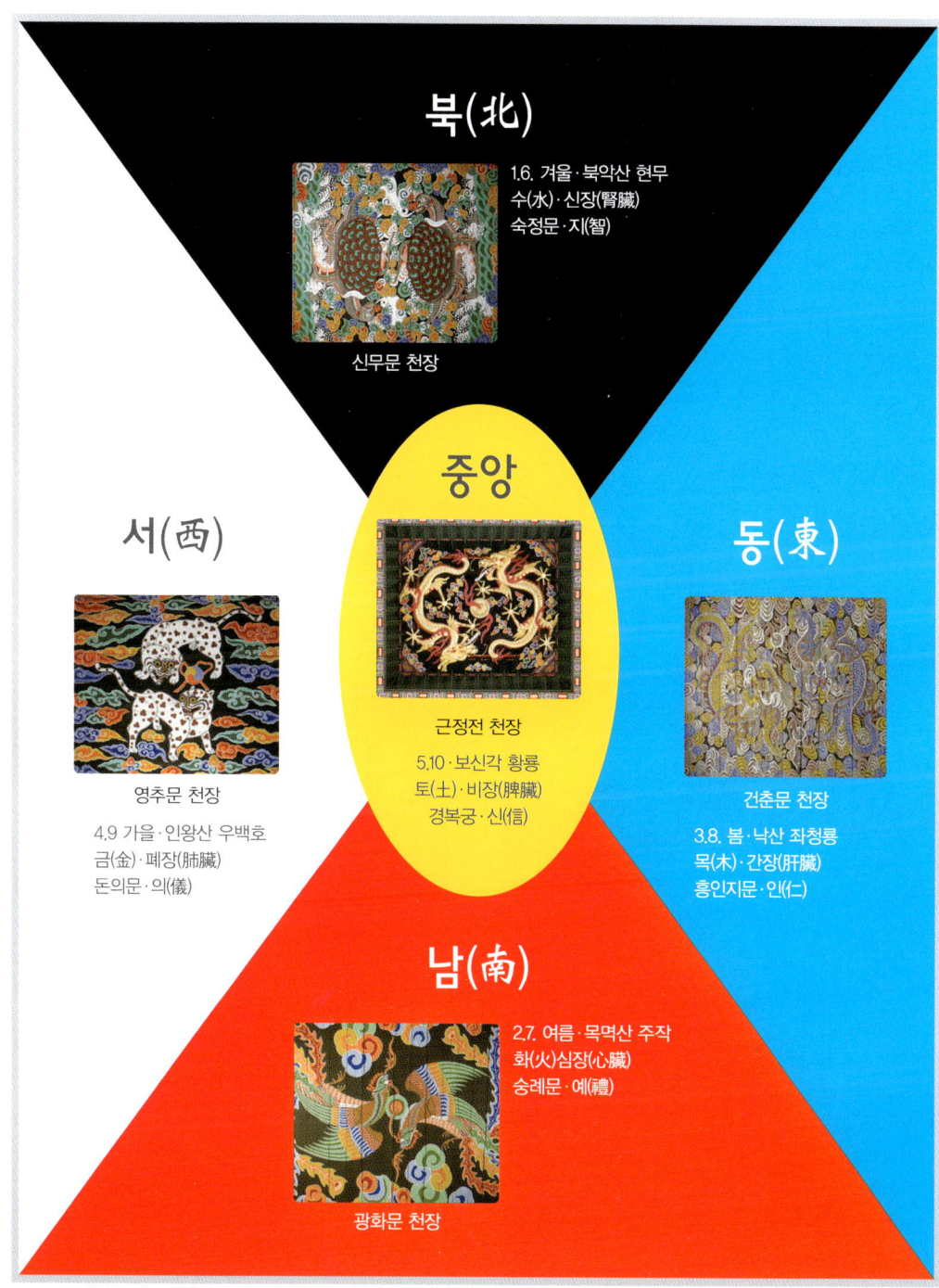

라. 경복궁 배치도

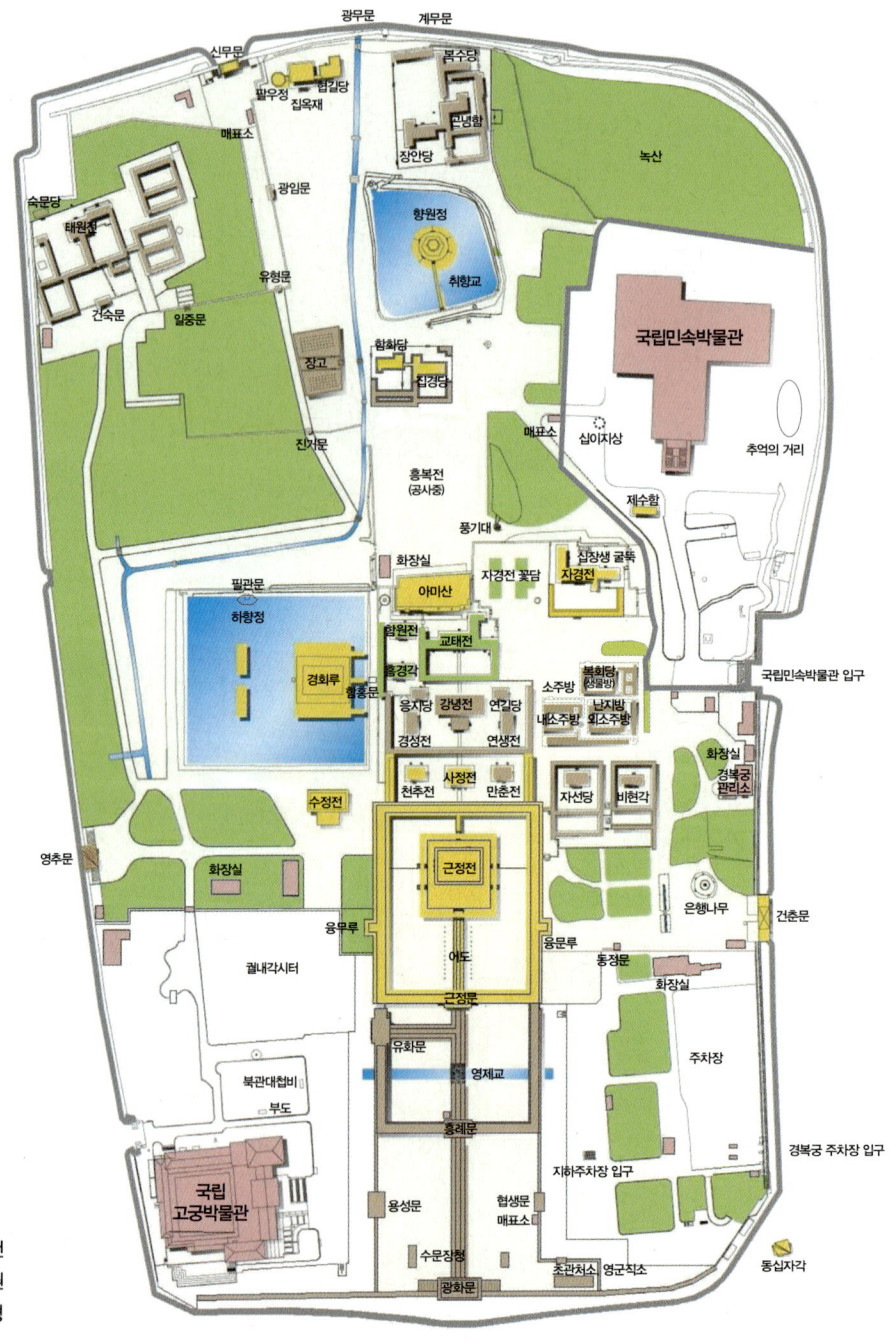

▶ 경복궁관리소 제공

마. 경복궁 현황도

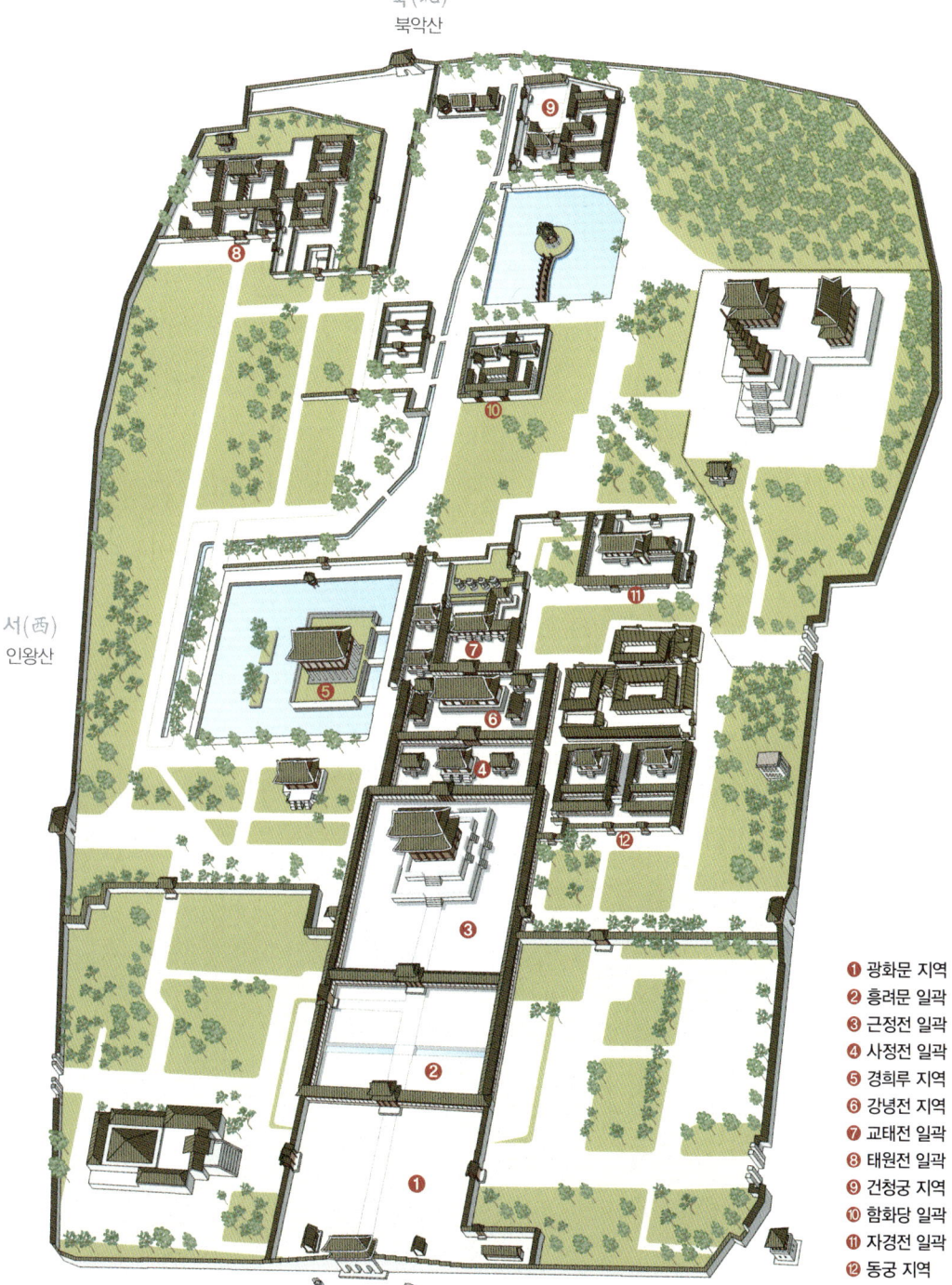

북(北) 북악산
서(西) 인왕산

❶ 광화문 지역
❷ 흥례문 일곽
❸ 근정전 일곽
❹ 사정전 일곽
❺ 경회루 지역
❻ 강녕전 지역
❼ 교태전 일곽
❽ 태원전 일곽
❾ 건청궁 지역
❿ 함화당 일곽
⓫ 자경전 일곽
⓬ 동궁 지역

▶ 경복궁관리소 제공

2. 경복궁의 건축적 특징

(建 세울건 _ス9 築 쌓을축 _ㅆ16)

현재 남아있는 오대궁궐은 법궁인 경복궁과 이궁인 창덕궁 이궁의 별궁인 창경궁 그리고 경희궁 덕수궁이 있다. 살아 있는 왕들이 살았던 궁궐과 죽은 사람들의 공간인 신위만 모신 종묘 그리고 임금님의 영원한 휴식처인 왕릉이 있다. 어느 나라나 왕조시대의 역사를 자랑하는 궁궐들은 많다. 중국은 명나라 청나라 시대의 수도인 북경에는 자금성 하나만 있고, 지역적으로 우리의 행궁과 같은 지방 궁궐들이 있는 형태이다. 우리와 중국은 왕조시대가 끝나서 관광자원으로 활용되고 일본은 지금도 살고 있는 궁이기에 단순 비교는 어렵다.

▶ 경복궁 야경 - 인왕산과 북악산의 모습과 멀리 북한산이 보인다.

▶ 총독부건물이 철거되기 직전의 경복궁 모습 1995년. 강령전과 교태전의 마무리와 현 고궁박물관
(공사시는 중앙박물관 건물) 공사중이다. 문화재청 제공

하나만 있는 자금성과 서울의 궁궐은 관광자원이 다르다. 우리나라 각각의 궁궐들은 나름대로의 특성을 가지고 있다. 관광자원으로 경복궁은 국가행사와 대표성을 가지는 행사를, 창덕궁은 유네스코 세계문화유산으로 역사와 자연의 조화를, 창경궁은 조선후기 문예부흥기의 내용과 여인들의 슬픈 이야기를, 덕수궁은 제국시대와 근대사회를 대표하는 궁궐로 활용하여야 한다.

경복궁과 자금성을 간단하게 비교해보면 경복궁은 긴장하며 보는 문화재이다. 내가 그곳에 살거나 동일시가 되는 아름다운 문화재인데 비하여, 자금성은 겁먹고 느껴보는 문화재의 아름다움이라 그냥 크다고 느끼는 거대한 궁궐이다. 자연과 사람이 자연스럽게 조화되는 궁궐인 경복궁과 달리 일본은 인공적인 공원 속에서 사는 궁궐이다. 중국의 자금성은 건축 할 때 고생만 했다는 느낌으로 자연을 인위적으로 가꾼 궁궐이다. 일본에 의해 임진왜란과 식민지시대에 많은 부분이 파괴되고 훼손되었던 것을 일부 복원하여 역사와 전통이 살아 있도록 대한민국의 국격을 높여 주고 있다.

경복궁景福宮의 이름은 개국開國시 종1품인 판삼사사 정도전이 동양고전 시경詩經의 주아周雅편에서 "이미 술에 취하고 덕에 배가 불러서 군자의 만년에 큰복을 빈다"는 경복이라는 단어를 차용한 것으로 복을 받는 궁이라 지어 바치고 태조 이성계가 승낙한 멋있는 이름이다. 실록에 의하면

> 판삼사사 정도전(鄭道傳)에게 분부하여 새 궁궐의 여러 전각의 이름을 짓게 하니, 정도전이 이름을 짓고 아울러 이름 지은 의의를 써서 올렸다. 새 궁궐을 경복궁(景福宮)이라 하고, 연침(燕寢)을 강녕전(康寧殿)이라 하고, 동쪽에 있는 소침(小寢)을 연생전(延生殿)이라 하고, 서쪽에 있는 소침(小寢)을 경성전(慶成殿)이라 하고, 연침(燕寢)의 남쪽을 사정전(思政

▶ 향원정의 가을 풍경 연못에 비친 단풍과 북악산 그리고 취향교가 보인다.

殿)이라 하고, 또 그 남쪽을 근정전(勤政殿)이라 하고, 동루(東樓)를 융문루(隆文樓)라 하고, 서루(西樓)를 융무루(隆武樓)라 하고, 전문(殿門)을 근정문(勤政門)이라 하며, 남쪽에 있는 문 午門을 정문正門이라 하였다. 중략

▶ 비온 다음 물에 비친 근정전 인왕산 북악산 모습

신 정도전에게 분부하시기를, '지금 도읍을 정하여 종묘에 제향을 올리고 새 궁궐의 낙성을 고하게 되니, 가상하게 여겨 군신(群臣)에게 여기에서 잔치를 베푸노니,

그대는 마땅히 궁전의 이름을 빨리 지어서 나라와 더불어 한없이 아름답게 하라.' 하셨으므로, 신이 분부를 받자와 삼가 손을 모으고 머리를 조아려 《시경(詩經)》 주아(周雅)에 있는 '이미 술에 취하고 이미 덕에 배부르니 군자는 영원토록 그대의 크나큰 복을 모시리라.'라는 시(詩)를 외우고, 새 궁궐을 경복궁이라고 이름짓기를 청하오니, 전하와 자손께서 만년 태평의 업(業)을 누리시옵고, 중략

▶ 근정전 앞에서 경복궁을 궁궐답게 하신 세종대왕의 회례연 재연모습

강녕전(康寧殿)에 대하여 말씀드리면, 《서경》 홍범 구주(洪範九疇)의 오복(五福) 중에 세째가 강녕(康寧)입니다. 대체로 임금이 마음을 바르고 덕을 닦아서 황극(皇極)을 세우게 되면, 능히 오복을 향유할 수 있으니, 강녕이란 것은 오복 중의 하나이며 그 중간을 들어서 그 남은 것을 다 차지하려는 것입니다. 연침(燕寢)을 강녕전이라 했습니다. 중략

▶ 경회루와 하향정 모습 얼어 붙은 연못에 겨울눈이 내려 깨끗하다.

그 사정전(思政殿)에 대해서 말하면, 천하의 이치는 생각하면 얻을 수 있고 생각하지 아니하면 잃어버리는 법입니다. 중략 《서경(書經)》에 말하기를, '생각하면 슬기롭고 슬기로우면 성인이 된다.' 했으니, 생각이란 것은 사람에게 있어서 그 쓰임이 지극한 것입니다. 이 전(殿)에서는 매일 아침 여기에서 정사를 보시고 만기(萬機)를 거듭 모아서 전하에게 모두 품달하면, 조칙(詔勅)을 내려 지휘하시매 더욱 생각하지 않을 수 없사오니, 신은 사정전(思政殿)이라 이름 하옵기를 청합니다.

근정전(勤政殿)과 근정문(勤政門)에 대하여 말하오면, 천하의 일은 부지런하면 다스려지고 부지런하지 못하면 폐하게 됨은 필연한 이치입니다.

태조실록 4년(1395년) 10. 7. 정유일

경복궁은 조선왕조의 정궁으로 태조 이성계가 나라를 세우고 왕위에 오른 후에 우선 390칸으로 건축한 법궁이다. 실록에 정면 칸수만 기록되어 있어 기본적으로 측면 3칸을 추가하면 약 천여칸의 궁궐이었다. 태조 4년^{1395년} 에 창건한 후 세종대왕이 궁궐답게 완성한 궁궐로서 화려하고 아름다운 건물이다. 명종때 화재로 소실된 것을 재건한 후 임진왜란으로 왜군에 의하여 완전 소실된 것을 마지막 임금인 고종 2년^{1865년} 공사 후 2년 만에 1867년에 7,225칸으로 완성한 궁궐이다.

▶ 수문장 임명식을 재현하는 모습. 사적 및 명승 10호로 지정된 북악산이 보인다.

왕실의 권위를 높이기 위하여 무리하게 지었으나, 지금에서 보면 찬란한 문화유산으로서 흥선대원군에게 고마움을 느낀다. 하지만 당시에는 궁궐건축의 주변여건이 성숙되지 못한 상태에서 시작한 공사였기에 나라를 어려움에 처하게 만든 이유이기도 하다.

나라가 건재하고 계속 존속했다면 더욱 아름다운 궁궐이 되었을지도 모른다. 공사시에 강제 동원된 백성들의 고통을 경기민요 경복궁 타령으로 나타나는데 경복궁 중건 때 공사모습을 나타낸다. 노동요로 풍자하는 것 같으면서 자랑하는 느낌이 물씬 풍긴다. 흥겨운 경복궁타령 가사 국립민속박물관 민속사전를 보면

1. 남문(南門)을 열고 파루(罷漏)를 치니 계명산천(鷄鳴山川)이 밝아온다
   후렴 에헤 에헤 어랴 얼럴럴거리고 방아로다 에헤
2. 을축 1865년(乙丑) 사월(四月) 갑자일(甲子日)에 경복궁을 이룩하세
3. 도변수(都邊手)의 거동을 봐라 먹통을 들고서 갈팡질팡한다
4. 단산봉황(丹山鳳凰)은 죽실(竹實)을 물고 벽오동(碧梧桐) 속으로 넘나든다
5. 남산하고 십이봉(十二峯)에 오작(烏鵲) 한 쌍이 훨훨 날아든다
6. 왜철쭉 진달화 노간죽하니 맨드라미 봉선화가 영산홍이로다
7. 우광쿵쾅 소리가 웬 소리냐 경복궁 짓는 데 회(灰)방아 찧는 소리라
8. 조선 여덟 도 유명탄 돌은 경복궁 짓는 데 주춧돌 감이로다
9. 우리나라 좋은 나무는 경복궁 중건에 다 들어간다
10. 근정전(勤政殿)을 드높게 짓고 만조백관(滿朝百官)이 조하(朝賀)를 드리네
11. 석수장이 거동을 봐라 망망칠 들고서 눈만 꿈벅한다
12. 경복궁 역사(役事)가 언제나 끝나 그리던 가속(家屬)을 만나나 볼까
13. 춘당대(春塘臺) 연못에 노는 금잉어 태평성세(太平聖世)를 자랑한다
14. 수락산 떨어져 도봉이 생기고 북악산 줄기에 경복궁 짓세
15. 삼각산은 천년산(千年山)이요 한강수는 만년수(萬年水)라
16. 한양조(漢陽朝)가 생긴 후에 경복궁을 이룩했네
17. 광화문을 중심하여 좌우편에 십자각 섰네
18. 북악산을 등에 지고 한강수를 띠하였네
19. 광화문은 정문이요 북으로는 신무문(神武門)일세
20. 동쪽에는 건춘문(建春門)이요 서쪽에는 영추문(迎秋門)일세
21. 근정전은 정전(正殿)이요 강녕전(康寧殿)과 사정전(思政殿)이라

> 22. 아미산(峨嵋山) 뒤의 함화당(咸和堂)은 향원정(香遠亭) 조망이 더욱 좋다
> 23. 경회루(慶會樓)의 웅장함은 반천 년 역사를 자랑한다
> 24. 북악산을 배경으로 우뚝 솟은 경회루라
> 25. 연꽃 우거진 향원지(香遠池)에 묘한 정자가 향원정(香遠亭)이라
> 후렴 에헤 에헤 어라 얼럴럴거리고 방아로다 에헤

조선 초기 임금들은 대부분 근정전에서 왕으로 즉위하였으며, 기존의 조그마한 경회루를 태종 때 확장 공사하였다. 외국 사신들을 맞이하고 연회를 베풀던 건물로 임진왜란 시기에 소실되어 대원군 시절에 지어진 건물 중 하나이다. 화재로 소실되어 중건 삼건 등 계속해서 지어진 건물들이 많다. 대원군 시절에 대비를 위하여 지어준 자경전은 10여 년 짧은 기간 동안에 두 번이나 불난 것을 세 번째 지어진 건물로 지금까지 이어지고 있다.

일제 총독이 지배하던 시기에 많은 건물들이 철거 되고 훼손 되었다. 경복궁과 창경궁은 국유재산으로 등록하고 창덕궁과 덕수궁 그리고 종묘는 구황실재산으로 구분하여 관리하는 상태였기에 경복궁, 창경궁의 훼손이 더더욱 심하였다.

경회루, 근정전 사정전 일원과 자경전과 함화당 일대 수정전 집옥재 일대를 제외한 대부분의 건물들을 개인들에게 매각하였다. 지금에서 보면 슬픈 역사를 간직한 불행한 역사로 우리에게 말하고 있다. 총독부 건물은 흥례문과 영제교를 철거하고 그 자리에 지어 위용을 자랑하다가 민족정기를 찾는 계기로 철거하여 원래 있던 건물들을 복원하였다. 복원시에는 1907년에 작성한 북궐도형을 기준으로 하고 있지만 향후 복원이 마무리 되면 궁궐답게 완성한 세종대왕 시절의 궁궐이었으면 한다.

주차장으로 나가는 문으로 한때는 동정문인데 오래전 총독부 시절부터 사용하는 문이

▶ 흥례문에 빛으로 용틀임하는 모습 궁중축제중

▶ 전철로 파괴되어 임시로 사용하던 문을 시멘트로 복원하기 위한 행사(1975년). 현재 동정문으로 이설하여 사용하고 있는 건물로 영추문 현판을 달고 있었다. 아픈 역사의 하나이다. 국가기록원 제공

다. 현재 업무상 필요한 문으로 이름도 동쪽에 있는 정문 대신한다고 하여 동정문이라 불렸다. 광화문 주변이 총독부건물이 들어선 이유로 정문인 흥례문과 근정문으로 입장할 수 없어서 동정문이나 건춘문으로 비정상적으로 들어가던 안타까운 시절도 있었다. 영추문은 국악원 정문으로 쓰였던 건물을 옮겨 사용하다가 1975년에 시멘트로 복원하여 지금에 이르고 있는 아쉬운 건물이 바로 영추문이다. 영추문의 지붕과 담장을 볼 때 서까래와 토수부분을 자세하게 보면 시멘트인 것을 알 수 있다. 경복궁이 복원완료가 되면 원래 위치에 목조건물로 다시 태어나게 될 것이다.

경복궁 사적 117호

국보 2점	근정전 223호, 경회루 224호
보물 8점	809호 자경전, 810호 십장생 굴뚝, 811호 아미산 굴뚝, 812호 근정문과 행각, 847호 풍기대 1,759호 사정전, 1,760호 수정전, 1,761호 향원정

가. 현판 글씨색과 건물명칭 체계

현판 글씨색깔에 정확한 체계가 있는 것은 아니지만 기본적 질서를 갖고 있다. 황금색이 가장 좋은 건물들에 사용한다. 일반적인 건물들에는 흰 바탕에 검정글씨이다. 음양오행사상에 의한 글씨체계로 되어 있다. 황금색 청색 적색 백색 흑색 순으로 정해진 것이다. 필요에 의하여 글씨색이나 건물명칭을 조화롭게 사용한 것으로 보인다. 건물명칭체계와 글씨색 체계를 동시에 보면 건물의 진정한 급수 체계를 알 수 있다. 부가적으로 현판 주변의 테두리에 염우판을 두어 칠보나 박쥐문양을 그려 가치를 알려준다.

현판 글씨색 체계

황금색
(좌) 근정전
(우) 경회루

파란색
(좌) 장안당
(우) 초양문

빨간색
영월장릉내 비석들

하얀색
(좌) 태원전
(우) 건춘문

검정색
(좌) 광화문
(우) 수문장청

건물명칭 체계   전당합각재헌누정

사정**전**

자선**당**
동궁

경사**합**
태원전

함홍**각**
교태전

집옥**재**
건청궁

원길**헌**
교태전

청연**루**
자경전

하향**정**
경회루

나. 건축 용어

1. 주춧돌
2. 아궁이
3. 기둥
4. 주두
5. 평방
6. 익공
7. 주심포
8. 기단
9. 계단

1. 용마루
2. 내림마루
3. 추녀마루
4. 암키와
5. 수키와
6. 암막새
7. 수막새
8. 용두
9. 치미
10. 토수
11. 서까래
12. 부연
13. 잡상

1. 난간석
2. 하엽석
3. 서수
4. 천록
5. 홍예
6. 축대

다. 단청 종류

건물 목재 표면을 보호와 멋을 위하여 칠하는 것이다.

＊단청(丹靑 丹붉을단·4 靑푸를청靑8)

• **긋기단청**

가칠단청에 선만 마무리 하는 단청
- 궁궐 소문 단청에 그려짐

　　가칠단청 한가지 색으로 보호한 칠. 궁궐에는 없고
　　일부 절에 있다.

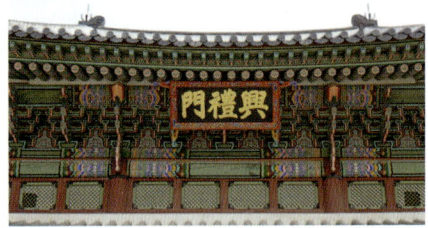

• **모로단청**

긋기단청 좌우 끝부분에 문양을 한 단청
- 궁궐의 대부분의 건물에 이용

• **금단청**

모로 단청 중간에도 화려하게 그린 단청

강녕전, 교태전, 동궁 자선당 대청마루 천정에 그려지고 집옥재에도 있다.

▶ 강녕전　　　　　　　　　▶ 집옥재

• **머리초** 모로단청이나 금단청에서 좌우 끝부분
• **부리초** 부재 마무리 면에 그린 단청

• **부연부리초**

부연 마무리면에 그린 단청

작은 문에 그려지고 일반건물에 연목부리초가와 동시에 있다.

• **연목부리초**

연목 서까래 마무리면에 그린 단청

소문에 그려지며 일반건물에 부연부리초가 동시에 있다.

• **궁창초**

문짝 하단에 그린 단청

집옥재와 종친부에 있다.

• **반자초**

우물반자에 그린 단청

대부분 천정에 그려지는 단청

강녕전 천정 오른쪽은 교태전 천정

라. 지붕 종류

지붕은 눈과 비 그리고 햇빛을 가려주는 역할을 한다.

- **맞배지붕** 건물 앞 뒤의 지붕만 있는 건물 – 수문장청, 집옥재, 행각들

▶ 수문장청

▶ 집옥재

- **우진각 지붕** 네면에 지붕면과 용마루와 추녀마루가 있는 건물
  – 광화문, 흥례문, 근정문

▶ 우진각 지붕 영추문

▶ 우진각 흥례문 – 근정문과 근정전 모습 문은 우진각지붕이며 정전은 팔작지붕이다.

- **모임지붕** 추녀마루로만 되어 있는 건물로 꼭지 지점에 절병통을 설치
  - 육모지붕 : 향원정, 하향정 / 팔모지붕 : 팔우정
    사모지붕 : 동십자각

▶ 팔모지붕 팔우정

▶ 육모지붕 하향정

▶ 사모지붕 동십자각

- **무량각 지붕** 용마루가 없는 건물. 건물을 낮게 짓고자 할 때 바람에 의한 피해는 줄어든다.

- **팔작지붕** 우진각 지붕과 맞배 지붕을 합친형태의 건물 – 근정전, 경회루

▶ 무량각 지붕 강녕전
  - 강녕전, 교태전 : 다른 건물과 차이를 활용하여 권위를 높였음.

▶ 팔작지붕 협길당

마. 광화문 현황(팔괘)

우리나라에서 유일한 3개의 무지개 형태를 가진 문으로 경복궁의 정문이다. 태조 이성계가 짓고 임진왜란 때 수난을 당하여 방치되어 오다가 조선후기 고종시기 흥선대원군에 의하여 어렵게 복원하여 유지하였다. 일제 침략후 현 국립민속박물관 정문으로 옮겨졌다가 6.25 전쟁때 포격에 의한 문루 파괴로 방치되어 있다가 총독부 건물을 가릴 목적으로 1968년 시멘트로 복원하였다. 복원시 총독부 건물에 평형을 맞추는 바람에 경복궁 축과 비뚤어졌다.

나라 경제에 여유가 생기면서 총독부건물을 철거하고 흥례문을 복원후 영제교가 제자리에 옮겨져 정상으로 제모습을 찾게 되었다. 근정전 월대에서도 광화문에서 움직이는 모습을 볼 수 있도록 흥례문, 근정전과 방향축이 잘 맞아 있다.

▶ 경복궁 야간 개장시 광화문 전경

▶ 광화문 수문군 근무중 재현모습

▶ 창덕궁 정문 돈화문 문은 5개로 보이나 실제로는 3개에만 대문이 설치되어 있다. 두 개는 벽면으로 되어 있다. 창경궁, 덕수궁, 경희궁은 3개문으로 구성되어 있다.

　법궁인 경복궁의 정문 광화문은 무지개 형태의 문으로 돌로 성곽 개념으로 지어졌다. 경복궁 담장의 계단식 기와가 9단으로 되어 있다. 높을수록 규모가 크다는 것을 의미한다. 건춘문과 영추문은 주변 담장이 5단으로 구성되어 있다.

▶ 서쪽에서 바라본 모습으로 경복궁 광화문 담장 9단으로 되어 있다.

바. 팔괘(음양오행 강녕전 5동, 사정전 3동을 합하여 팔괘)

강녕전에서 들어오고 나가는 문들이 8개가 있다. 이것도 팔괘를 상징하기도 한다. 궁궐은 유불선의 집합체로 이루어진 사상적 결합이다. 근정전 향로사진 받침대도 8각이고, 강녕전 어정도 8각으로 상징성을 부여하였다. 경복궁은 서울의 기본 중심축으로 볼 수 있다. 서쪽으로 사직단이 있고, 동쪽으로 종묘가 있다. 다른 궁궐과 다르게 유일한 성곽식 문이다. 서울 도성의 4대문과 경복궁의 4대문은 겹겹으로 막아주는 보호막 의미이다.

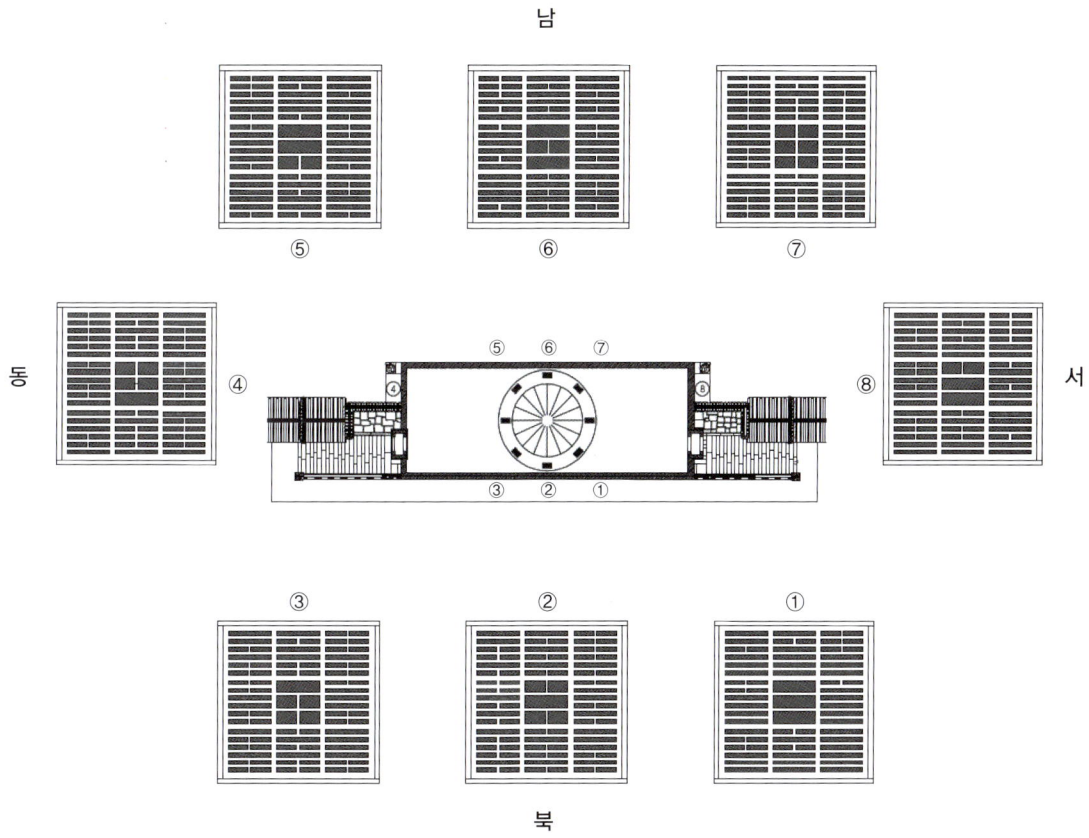

▲ 광화문 여장 팔괘 문양 배치도 – 광화문 중건 보고서

태극에서 8괘로 되어있는 우리나라 태극기는 가운데 둥근 태극을 중심으로 사방향에 태극괘를 넣어 만들었다. 태극사상의 완성으로 볼 수 있다. 팔괘중에서 치우치지 않고 안정적으로 느낄 수 있는 네 개를 조합해서 만든 것이다.

▶ 정부청사에 행사때 부착한 태극기

▶ 광화문 여장문양 북쪽은 불꽃모양이며, 남쪽은 점문양으로 각각 10개씩이다. *46쪽 비교

해태 2기중 땅 위에 있는 해태는 국가안녕을 의미하는 육조거리^{현 광화문 광장}를 확인 감시하는 것이고, 광화문 2층에 있는 해태는 관악산의 화기를 감사하는 기능을 갖는 벽사의미이다. 지금은 고층빌딩 건물들에 가려 화기의 상징인 관악산이 보이지 않는다.

8괘의 주변에 64괘를 새겨 넣어 의미를 두었다. 우주의 원리인 주역 내용을 모두 포함하려 한 것으로 보인다. 석누조 6개는 물을 의미하여 불을 끄는 상징성을 보여주며, 12개는 한 해를 상징한다.

▶ 집옥재 천정

▶ 광화문 앞 해태(해치)

▶ 팔우정 천정

▶ 향로주변 팔괘

▶ 신성한 동물인 거북 주작 기린 모습(왼쪽부터)

3. 조경적 특징

(造景的 特徵 造지을조₄₁₁ 景경치경ᵢ₁₂ 的과녁적ㅌ₈ 特특별한특ᵗ₁₀ 徵부를징ᵢ₁₅)

경복궁 조경은 나무가 심겨진 곳이 많은데 이는 건물지의 공간이며 복원 할 때까지 이전에 임시로 나무나 잔디밭으로 대체하고 있다. 조경지역은 외전이나 침전 궐내각사 주변의 경회루, 향원정, 영제교 어구 주변과 아미산 굴뚝 주변이다.

▶ 진달래가 핀 봄날 경회루 서쪽에서 바라본 전경 하향정도 보인다.

경회루는 우리나라에서 가장 크고 아름다운 누각건물이다. 원래 습지 지대여서 태종시대 크게 넓히고 경회루 건물을 지었다. 임진왜란때 왜군에 의하여 소실된 것을 고종때 흥선대원군이 왕실 권위를 회복하고자 경복궁 중건시 지은 건물이다. 남북으로 113미터 동서로 128미터이며 3개의 섬으로 가장 큰섬에 경회루를 세운 정면 7칸 측면 5칸의 35칸 건물이다. 건물주변에 난간석을 둘렀으며 꺽이는 부분 기둥에 서수를 조각하였다. 기둥은 총 48개로 외부의 사각기둥 24개와 내부 둥근기둥 24개로 이루어져 24절기와 일년을 의미하기도 한다. 기둥 일부에는 총탄 자국이 난 것을 보수한 것이 보이는데 이는 6.25전쟁때 총격에 의한 것으로 전하여 진다. 이층에는 3단의 마루로 되어 있어 가운데가 가장 높은 형태로 구성되어 있다. 연못의 물은 솟아나는 지하수이며 향원정의 물이 수로를 따라 용두로 흘러 들어가도록 조성되었다. 경회루 북쪽 담장에 하향정이라는 6각 건물을 1959년에 지은 건물이다. 이승만 대통령이 휴식때 낚시를 하였다고 전해진다.

▶ 진달래 꽃피는 봄날의 향원정 명승 북악산의 모습과 향원정이 어울려 있다.

▶ 촬영명소인 자경전 서측 밖 담장 살구꽃이 활짝 핀 꽃 담을 배경으로 사진 찍는 모습이 멋있다. 자경전 잡상수 4개가 보인다.

▶ 동궁 자선당과 비현각 굴뚝

▶ 연길당 굴뚝

▶ 건순각 굴뚝

▶ 집경당 굴뚝

▶ 건청궁 굴뚝

나. 함실아궁이

아궁이에 직접 불을 지피는 아궁이를 말하는데 궁궐의 아궁이는 대부분 함실아궁이이다. 부엌아궁이와 다르게 공간이 좁은 특징이 있다. 궐내각사인 수정전은 여유가 있게 다른 것보다 크게 만들었다. 일반인들에게는 보일러 난로 연통이 있는지 없는지 관심없지만 한식 건물에서는 아궁이와 굴뚝은 집구조에 있어서 중요한 부분이다. 아궁이가 있다는 것은 바로 위 건물에 온돌방이 있다는 의미이기도 하다.

▶ 여러건물의 아궁이 모습

▶ 한복입은 학생이 수정전 아궁이 내부가 궁금한듯 들여다 보고 있다.

함실아궁이 내부 모습 함실은 대부분 비슷하게 생겼다. 수정전 아궁이가 가장 크다. 조선후기 요즘 국무총리가 근무하기도 했던 건물로 많은 일을 할수 있도록 따뜻하게 땠듯하다. 궁궐에서 부엌아궁이는 소주방에만 있다.

▶ 소주방 부엌아궁이 모습

4. 궁중 생활

궁중생활은 원자가 태어나고 세자가 되고, 임금이 되고 승하하는 주기적으로 진행된다. 임금님도 사람이기에 일반 사람과 비슷하게 한세대 주기로 유지된다고 여기고 있다. 왕이 승하하면 세대가 순환한다는 개념이다. 즉위식은 선대왕이 승하하면 즉위하는데 경복궁에서 즉위한 왕들은 많다. 선대왕이 살아 있을 때 즉위식을 제대로한 임금은 세종대왕이 처음이다. 강압에 의한 것 말고는 세종이지만 그의 아들 세조도 살아 있을 때 강제로 왕위를 받은 왕이다. 태종은 세종에게 정치바탕을 만들어 주고 충녕대군에게 물려주어 안정을 취한 선례를 남겼다. 세조는 조카인 단종 선대왕이 살아 있을 때 억압으로 물려받은 선례를 남겼다.

조선전기 최고의 성숙된 시기는 성종이라 볼 수 있지만 나라다운 나라를 만든 것은 세종대왕이다. 경복궁과 깊은 관계를 갖고 있는 분이며 동궁이나 교태전을 건립하고 국가다운 문물제도를 만든 왕이다. 동궁은 다음 세대 임금을 키우는 곳으로 동쪽에 위치하였기에 동

▶ 왕자 태를 안장하는 의식을 교태전에서 태를 씻어 항아리에 넣는 모습을 재현하는 모습

▶ 산수유가 핀 봄날에 경회루 후사면 지역에서 왕의 산책을 재현하는 모습

▶ 집옥재에서 궁중 음악회중 공연 하는 모습

궁이라 한다. 음양 오행사상에서 성장하는 의미를 동쪽의 해가 떠오르는 곳을 의미하므로 그렇게 불려지는 것이다. 세종이 동궁을 조성하여 문종이 단종을 낳은 곳이기도 하다.

임금님의 식생활은 하루에 5번 식사하였다고 한다. 보통 12반찬을 소주방에서 만들어 올려 드시는데 오전 열시와 오후 5시에 두번 드시고 그 사이사이에 가벼운 간식을 포함하여 모두 5번을 드신 것이다. 소주방에서 요리를 만들어서 이용하였으며 경복궁에는 침전인 강녕전과 교태전 동쪽에 소주방이 있다.

▶ 왕비는 백성의 어머니로서 누에치기를 권장하기 위하여 교태전 뒤에서 2014년 왕비가 주관하는 친잠례 재현 행사 모습이다. 주명기

세자의 결혼 직전에는 전국에 금혼령을 내려 10세 전후의 처녀들을 혼인을 못하게 금지하였다. 삼간택하여 선택되면 세자빈이 되고 선대왕이 승하하면 임금으로 즉위하게 된다. 왕이 승하하면 장례를 치루는 임시관청인 국장도감과 왕릉을 만드는 산릉도감이 설치되어 왕릉을 조성한다. 왕릉조성에 동원된 인원은 연인원 5천내지 8천여 명이었다고 한다.

▶ 대비가 살던 자경전에서 차문화 다례행사 모습. 대청마루와 마당에서 하고 있다.

▶ 회오리바람이 불어 흙먼지가 흥례문을 가렸다. 인왕산과 북악산 사이의 골바람이 강하게 불어 창덕궁에 비해 많이 분다. 그래서 조선시대에는 임금들이 창덕궁을 더 선호한 것으로 보인다. 경복궁은 남성적으로 정형화 되어 있고, 창덕궁은 아기자기한 자연과 어우러진 여성적이기도 하다.

가. 어정종류

궁궐에서 사용한 우물을 말하는데 경복궁에는 현재 6개가 보존되어 있다.
강녕전에 1곳, 함원전에 1곳, 소주방에 1곳, 태원전에 3곳이 있다.

•태원전 어정 우물

▶ 태원전 동남 어정   ▶ 태원전 동북 어정 – 사각 어정은 빨래터

▶ 태원전 서세답방 어정 – 주춧돌만 있는 것은 담장이 안으로 들어와 복원할수 없어 일부만 설치한 상태

• 강녕전 어정

• 교태전 함원전 어정

• 소주방 어정

나. 창호 종류

1. 집옥재 불발기창 아자창
2. 집옥재 불발기창
3. 사정전의 세살 청판분합창
4. 근정전 꽃살 청판분합창

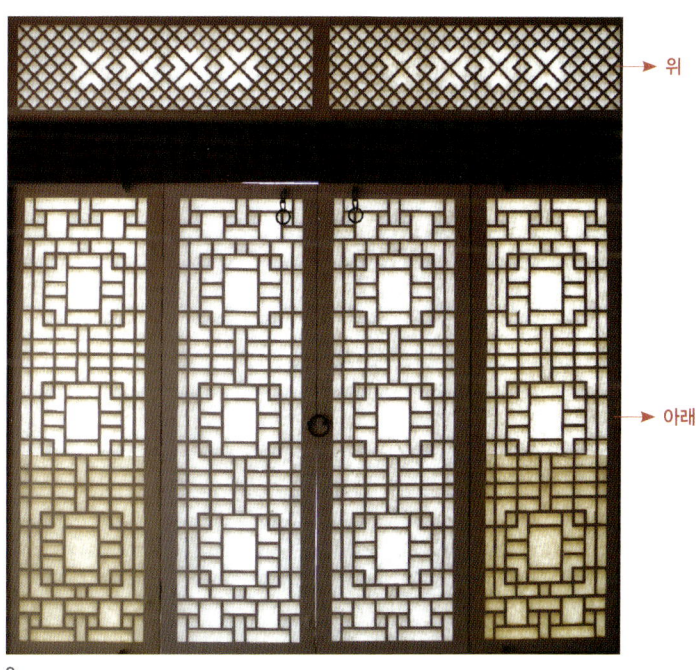

5. 근정전 행각의 불발기창
6. 흥례문 행각의 불발기창
7. 수문장청 만살창
8. 강녕전의 완자살(아래)과 빗살창(위) – 안에서 햇살을 받은 창호모습

다. 산실청(건순각)

(產室廳　產낳을산土11　室집실宀9　廳관청청广25)

왕비의 산달이 되면 산실청을 두어 왕자의 탄생과 건강한 후손을 얻기 위하여 산실청을 두었다. 규모로는 보통 어의 4명 도제조 1명 의녀 5명 등으로 구성된다. 왕자가 태어나면 복받으려고 태를 좋은 땅에 묻게 되는데 이때 안태의식을 실시한다.

건순각은 요즘으로하면 왕비전용 산부인과 병원으로 운영하였으며 교태전의 부속 건물이다. 당시 영아 사망률이 너무 높았기에 많은 관심을 두었다. 왕자의 태를 묻은 곳을 태실이라 하는데 전국의 좋은 터에 지역별로 분산되어 모셔져 있다. 대표적 태실지역은 경상북도 성주군으로 세종대왕 왕자들의 집장지 태실이 있다.

▶ 태씻기 및 태항아리 사진은 재현모습

전국의 태실의 땅을 팔아 먹기 위하여 일제는 1929년도에 강제로 옮겨 서삼릉에 모셔져 있다. 태 석물들은 일부 훼손 되기도 하였지만 원래 자리에 있는 것도 많다.

▶ 단청에서 초룡모습 왼쪽은 건숙각 오른쪽은 집옥재 모습이다.

▶ 성주에 있는 세종대왕 왕자들 태실(왼쪽)과 세종의 훼손된 태실(오른쪽)

▶ 서삼릉 태실전경

왕자를 낳는 바닥은 7겹으로 멍석을 온돌바닥에 깔고 짚을 깔고 마지막으로 표범 가죽을 깔아 왕자를 낳았다.

▶ 창경궁의 성종태실 석물 – 성종 태 항아리는 서삼릉으로 모셔졌다가 발굴되어 고궁박물관에 있다.

5. 경복궁 십이경(景福宮 十二景)

어느 문화재나 지역을 보면 중요한 것을 팔경이나 십경으로 선정하여 알려주고 있다. 우선 대표적인 것을 선정하여 최소한이라도 볼 수 있는 기회를 주기도 한다. 경복궁은 더 많은 아름다움이 있지만 꼭 보아야 할 열두 가지를 선정하여 설명하고자 한다.

가. 광화문(光化門)과 수문장 교대의식

조선시대 수문장의 교대의식을 재현하는 것이다. 궁궐을 지키는 수문장들이 왕조시대 볼거리를 제공해 주고 있다. 영국의 버킹검 궁의 근위병 교대식과 비교해 볼 수 있는 것으로 광화문 주변에서 매일 열시에 열리는 교대 의식은 옛 향수를 불러 일으킨다. 궁궐의 정문답게 세 개의 홍예를 가진 우리나라 건물로서는 유일하다. 주간에는 빌딩들과 조화를 이루어 고건물의 단청과 처마선의 아름다운 어울림을 보여주며, 야간에는 조명에 비친 채색의 다채로움이 눈을 즐겁게 해준다.

나. 영제교(永濟橋)

경복궁 궁궐의 중심 건물 속에 있는 다리로 홍례문과 근정문 사이의 금천교로 아름답고 고즈넉한 멋을 보여주는 두 개의 홍예를 가진 돌다리이다. 다리를 건널때 천록이 나쁜 마음으로 들어오는 사람들은 잡아내서 깨끗한 마음으로 궁궐로 들어서게 한다는 상징의 의미이다.

경복궁 건축시 만들어진 다리로 왕자 형제싸움이나 명종때 대화재 그리고 임진왜란 때 왜군의 만행을 보았다. 그 후 270여 년을 폐허속에서 쓸쓸하게 버티다가 대원군 경복궁 중건과 총독부시절 훼손 및 물이 흐르지 않는 죽은 공간인 경회루 지역으로 이동하고 또다시 근정전 동쪽인 동궁지역으로 옮겨지는 아픔도 있었다.

▶ 비가 많이 오면 잠시 옥천교 밑에 물이 고여 있는 것을 볼 수 있다. 금천이 완전히 연결이 안되어 상시 흐르는 다리가 아니라서 아쉽다. 비온후 맑은 오전 모습이다.

이제는 제자리를 찾아 관람객을 맞이하고 있지만 아직도 물이 흐를 수 없어 가끔 비올 때만 물맛을 보는 아쉬움이 있다. 경복궁 주변지역이 정상적으로 복원이 되면 물길도 정상으로 흐르게 될 것이다. 이제는 역사의 슬픔과 영광을 기억하고 있는 영제교에 또다시 죄를 짓는 후손이 아니기를 그리고 근엄하게 웃음을 주는 천록과 서수를 더 오래 보고 싶다.

다. 근정전(勤政殿)

근정전 문을 지나면 북악산과 인왕산과 조화를 이루며 2층 월대위에 지어진 중층 건물이다. 그다지 커 보이지 않는다. 중국 자금성은 조화되는 주변 산들이 없어 크게 보이게 지었지만 근정전은 주변과 조화가 잘되어 더욱 아름답다.

▶ 무지개로 덮은 근정전(핸드폰으로 촬영)

Ⅰ. 경복궁 이해 **73**

월대 위에서 남산인 목멱산이 전에는 보였지만 지금은 신축된 대형빌딩에 가려 보이지 않아 아쉽다. 월대주변에 사신사 동물 조각과 십이지 동물들을 조각하여 설치하였다. 십이지 동물 중 열 마리만 순서대로 세우고 마지막 두 마리는 세울 공간이 없어 개와 돼지는 생략하였다. 근정문과 근정전 사이의 넓은 공간을 조정이라 하는데 어도 주변에 품계석을 중건하면서 설치하였으나 마모가 많이 되어 안타깝다. 돌의 재질을 무른 대리석으로 만들어 조성하였기에 창덕궁 것 보다 늦게 설치하였지만 마모가 더 심하다. 행각은 일제시대 사무실로 쓰던 곳을 전시공간으로 만들면서 헐어 현재는 빈 공간으로 남아 있다.

라. 경회루(慶會樓)

한때 화폐 만원짜리 뒷면에 그려진 국보 224호로 우리나라에서 가장 큰 35칸으로 외국사신들을 맞아 연회를 베풀어주던 누각 건물이다. 주역의 36궁의 상징적인 의미로 지어진 건

▶ 바람 없는 맑은 수양벚꽃 핀 봄날에 물에 비친 모습. 경회루와 북악산 하향정 어룡주가 주변모습과 어울려 있다.

물이며, 외곽 기둥 24개는 절기를 뜻하는 네모기둥이며 24개와 안쪽의 둥근기둥 24개로 조화를 이루고 있다. 이층 누각에서 바라보는 궁궐모습은 조화롭다. 평상시에 위로만 쳐다보는 건물들에서 유일하게 아래로 볼 수 있는 건물로 북으로 북악산, 서쪽으로 인왕산, 동쪽으로 강녕전과 근정전, 남쪽으로는 신하들이 일하는 공간인 궐내각사가 보이는데 기둥에 낙양각을 장식하여 더 아름답게 보이도록 하였다. 중앙 칸에는 들창문인 사분합문을 설치하여 필요시에 들어 올려 크게 사용하기도 하고 품계에 따라 다르게 앉도록 했다.

마. 사정전(思政殿)

생각하며 정치하라는 의미를 가진 건물로서 임금이 정치하는 공간으로 12칸이다. 중건 후에 일제가 훼손하지 않은 건물 중 근정전 경회루 자경전 향원전과 같이 국보와 보물로 지정되었다. 마루가 깔려있어 겨울에는 주변의 만춘전이나 천추전에서 정치를 하였다. 어좌

▶ 노란옷을 입은 초등학생들이 지나가는 사정전

위에 운룡도가 비단에 그려져 벽화처럼 걸려있다. 정치하는데 임금 혼자 하는게 아니라 신하와 같이 한다는 상징적 의미를 주고 있다.

바. 강녕전(康寧殿)

　침전 건물로 임금이 사적으로 사용한 건물로 정면 11칸 측면 5칸 총 55칸이며 피로하면 쉬거나 잠자던 건물로 정도전이 오복중 하나를 빌려 이름을 지었다. 중건 후에 창덕궁 내전 화재로 중건시에 뜯어다가 복원하여 현 건물은 1995년에 새로 지은 것이다. 마루에서 교태전 쪽을 보면 양의문 좌우 굴뚝에 만수무강과 천세만세를 조각하였다. 길상문 한자(전서체, 벽돌글씨체)로 임금님의 만수무강을 아름답게 표시하였다. 월대 위에서는 임금님의 가족들 잔치를 한 공간이기도 하다.

▶ 강녕전에서 안태의식을 재현하는 모습

사. 교태전 아미산 굴뚝

　구중궁궐의 여인인 왕비를 위하여 아릅답게 꾸며준 후원이며 굴뚝을 화계와 조화되게 설치하여 굴뚝인지 화계 시설물인지 구분하지 못하게 만들었다. 중국에서 아름답다는 산 아미산을 차용하여 경회루를 지을때 나온 흙으로 조성한 것이다. 왕비의 공간을 좀 더 멋있게 꾸며주기 위하여 노력한 흔적을 볼 수 있다. 화계의 석련지는 월궁을 형상화시켜 두꺼비를 조각하였으며, 함월지와 낙하담이라 새겼다.

▶ 봄날 교태전에서 바라본 아미산 굴뚝

아. 자경전 십장생 굴뚝

흥선대원군이 둘째아들 명복을 왕위에 올려준 추존왕비인 신정왕후 조씨를 위하여 크고 아름답게 만들어 드린 정면 10칸 측면 4칸 총 40칸 건물이다. 주변담장에 하단에는 사고석으로 하였으나 중간부분에는 조각품을 상징적으로 만들어, 아릅답게 왕실의 큰 어른 지위에 맞도록 의미를 부여 하였다. 내벽에는 만수문, 격자문, 육각문, 오얏꽃 등을 외벽에는 매화, 모란, 국화, 대나무들을 색벽돌로 다듬어 보는 사람의 마음을 포근하게 한다. 뒷담에는 보물로 지정한 십장생을 조각한 굴뚝을 아름답게 꾸며 주어 아들에 대한 정성과 존경의 의미를 나타낸다.

▶ 눈 덮인 자경전 십장생 굴뚝

자. 향원정(香遠亭)

후원에 건청궁을 지으면서 예전부터 있던 세조가 세운 취로정을 정리하여 고종의 전용 휴식공간으로 2층 누각형태의 육각모 집으로 1층은 온돌로 만들었다. 건청궁과 직접 연결한 취향교가 있었으나, 6.25전쟁때 파괴되어 복원하면서 건천궁도 없어진 상태였기에 다리를 남쪽으로 설치하였다. 이제는 건천궁이 복원 되었기에 취향교 다리를 원래대로 북쪽으로 복원 예정이다. 건청궁은 명성황후가 위장한 일본 군인에게 피살되어 시신이 불태워버려진 비참한 역사를 간직한 곳이다. 향원지는 고종황제가 동양에서 최초로 건청궁에 에디슨 전기회사의 전기시설을 들여와 설치했던 곳이기도 하다. 기념비가 북서쪽에 있다.

▶ 물에 비친 향원정과 수련을 핸드폰으로 찍은 모습

차. 신무문(神武門)과 청와대(靑瓦臺)

현대의 청와대와 과거 궁궐의 신무문이 공존하며 서로 보완해 주고 있는 곳이다. 조선시대 경복궁의 북쪽문인 신무문은 평상시에는 사용치 않고 후원으로 이동할 때 사용하였다. 지금의 청와대는 후원의 공간으로 볼 수 있다. 왕조의 북문 앞에 현대의 왕조와 같은 권력 핵심이 상호 보완하여 조화를 이루고 있다. 관람객에게도 볼 수 있게 하여 신무문에서 사신도의 하나인 북현무 그림과 북악산과 청와대를 보면 자연이 어우러진 과거와 현대를 동시에 볼 수 있는 곳이기도 하다. 왕조시대에는 별로 사용하지 않던 신무문이 요즘에는 많은 관람객들이 드나드는 문으로 이용되고 있다.

▶ 노란 단풍이 들었던 북악산과 청와대 천정에는 현무그림

타. 인왕산(仁王山)과 부처님 바위

경복궁 백호산인 인왕산은 용^{북악}의 몸통이라 알려지기도 하였다. 멀리서 두고 볼 수 있는 경치이다. 정선의 인왕산 채색도가 유명하지만 실제로 와서 보면 언제나 바위돌이 보이고 나무들이 조화를 이루어 상큼한 아름다움을 주고 있다. 인왕산 선바위가 유교적 사상의 산물이며 그 위에 부처님 바위가 있다. 동쪽에서는 부처님 같이 보이나 서쪽에서는 의미 없는 바위로 보인다. 선바위는 앞에서 소원 기도하는 공간이며 부처님 바위는 멀리서 마음의 평안을 기도하는 대상물이다. 주변에 있는 절의 주지스님의 말에 의하면 무심한 돌로 보이면 못살고, 부처님 바위로 보는 사람이 많으면 잘사는 나라가 된다는 이야기가 전해져 온다고 한다. 부처님은 아무 때나 보여 주시는게 아니라 필요할 때 나타난다고 한다. 불교 책에 의하면 북한산^{삼각산}에서 인왕산까지 부처님 바위가 6개나 있다고 한다. 바라보는 방향에 따라 느낌이 다르게 보이기 때문이다. 지금도 치마바위와 범바위, 기차바위, 선바위 등이 있다. 커다란 바위산이므로 독자도 스스로 이름을 지어보는 것도 좋을 것이다. 인왕산 높이는 338m이다.

▶ **경복궁에서 바라보면 부처님 바위처럼 보인다.**

파. 경복궁의 주산인 명승 북악산(北岳山) 용의 눈

경복궁의 주산인 북악은 2007년 사적 및 명승 10호로 2009년도에 재분류 후 명승 67호로 지정 되었다. 서울도성의 주산으로 조선조의 오백년과 함께한 산이다. 하늘, 임금을 뜻하는 백악白岳산으로 불리기도 한다. 그냥 경복궁을 방문하여 사진을 찍다보면 언제나 뒷 배경으로 나오는 북악산은 그만큼 궁궐과 밀접한 관련을 가지고 있는 것이다. 북한산 주변에 있는 절의 주지스님의 말에 의하면 무심한 산으로 보이면 정치가 불안하고 용의 눈으로 보이면 정치가 안정되고 국력이 높아지는 것이라고 스님들 사이에서 전해진다고 한다. 북악산 높이는 342m이다.

▶ 경회루 만시문에서 바라본 북악산으로 경복궁 어느 곳에서도 보인다.

II

경복궁 현판으로
배우는 천자문

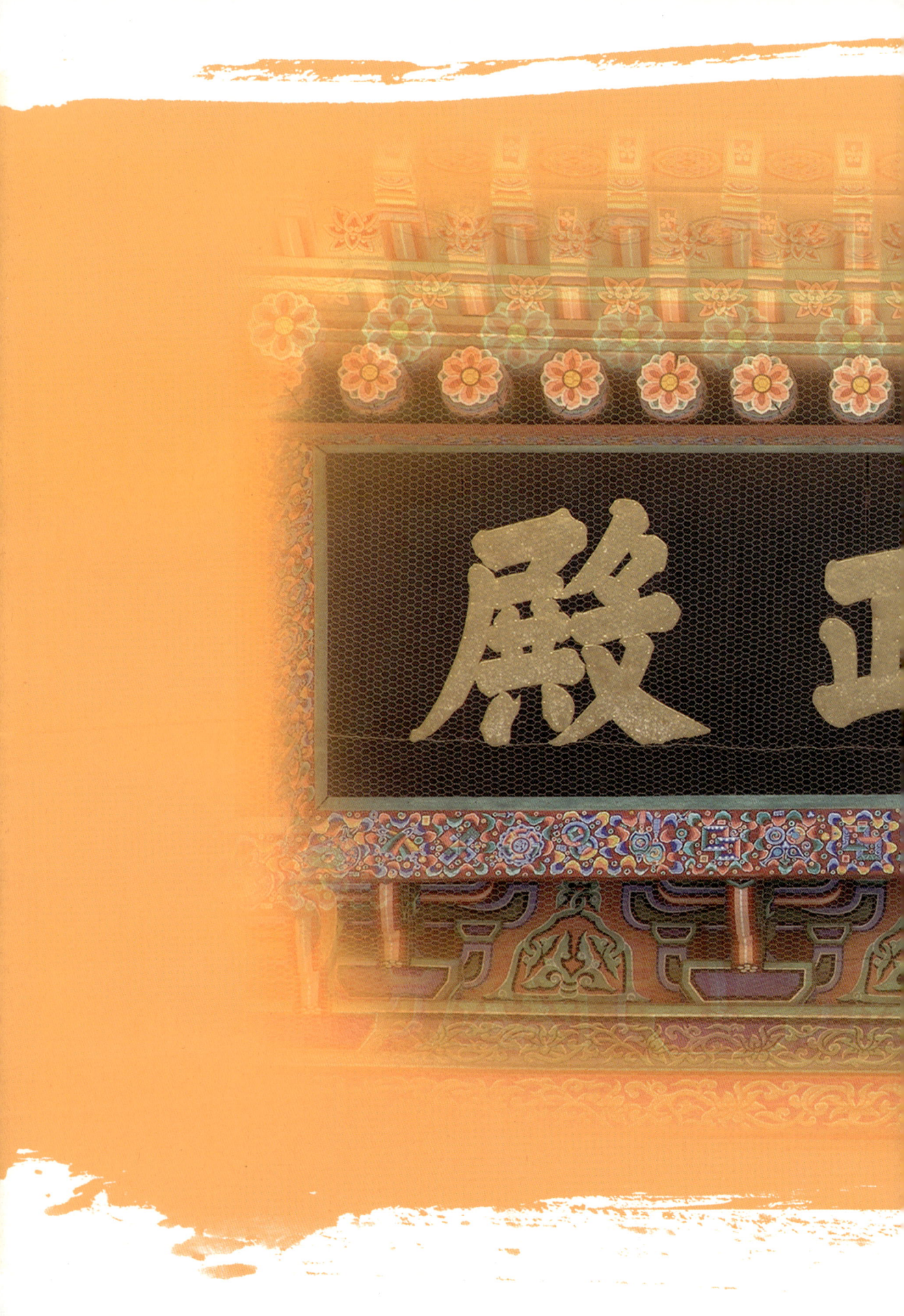

II. 景福宮 경복궁 懸板 현판으로 배우는 千字文 천자문

懸 매달 현 心16 板 널판지 판 木8

　천자문으로 배우는 현판은 정자 글자만 있기보다는 약자이거나 변형된 글자들이 많이 있다. 평상시 글씨를 많이 써보면 알 수 있는데 숙제위주로 씌어지기에 새롭게 느껴진다. 한글도 마찬가지로 편리하게 사용하려는 의도로 보인다. 실생활에서 사용하는 글씨를 알아보는 기회이기도 하다. 현장에서 현판을 보고 뜻을 이해하면서 건물을 보면 동시에 알게 될 것이다. 勤政殿근정전을 부지런하게 정사를 돌보는 큰집, 집무실을 생각하면서 건물을 본다면 이건물의 기본 용도를 알 수 있듯이 물건의 이름은 기본 뜻을 가지고 있다.

　이름표와 건물을 동시에 이해하고 암기하면 실생활에 도움이 된다. 현판이 없는 건물이거나 조각상은 한문으로 뜻을 이해하고 본다면 쉽게 알 수 있다. 東十字閣동십자각이나 行閣 행각은 현판이 없지만 이름만 보아도 이해가 될 것이다. 글자의 뜻은 몇 개중에서 가장 적합한 뜻을 기록하는 것으로 한다. 부록편의 내용은 옥편에 나오는 모든 내용을 기록하기보다는 중요한 부분만 정리하였다.

현판은 검정바탕에 황금색으로 씌어진 글씨가 가장 가치 있는 건물에 사용된다. 검정바탕에 흰 글씨로 사용한 것도 있으며 흰 바탕에 검정글씨로 쓴 것으로 단순한 건물에는 간단하게 서각하여 걸었다. 건물격에 어울리게 편액과 현판이 걸려 있어 구분이 된다.

글자 하나하나가 뜻과 음으로 되었는데 제대로 활용하는 데에는 음과 양의 원리 같은 느낌을 받는다. 순수한 우리말은 소리 나는대로 기록한 것이지만 한문으로 표현 된 것은 뜻을 나타내기 때문이다. 조선시대에 쓰였던 말들이 일부 기록되고 사용되어 있지만 아쉽다. 지방 사투리나 방언도 가치가 있게 활용하는 방법이 중요하다. 일반적으로 집, 방, 다락, 부엌으로 설명할 수 있지만 제도가 갖춘 궁궐에서는 전당합각재헌누정이라는 서열을 지니고 있어 사용하였다. 앞에 용도를 부여한 좋은 집, 큰집, 사랑집 등으로 불려지고 있다.

한글은 현재 왼쪽에서 오른쪽으로 쓰는 글씨 형태이지만 원래 한자는 오른쪽에서 왼쪽으로 글씨를 쓰고 위에서 아래로 쓰는 기준이다.

옛글들은 오른쪽 위에서 아래로 쓰면서 왼쪽으로 진행하며 기록하는 한자체계이다. 현판은 오른쪽에서 왼쪽으로 씌어져서 읽을 때 주의를 요한다. 주변 건물 간판 이름표를 한글식으로 쓰고 읽기도 하여 생각하면서 읽어야 한다. 일본 책은 옛날 기준으로 잘 지키고 있으나, 중국 간체자에서는 현재 한글같이 왼쪽에서 오른쪽으로 사용되고 있다.

우리나라의 한자는 뜻 글자이지만 한글화가 되어서 뜻이 음과 같이 쓰이기도 한다. 그래서 한자를 배우면서 순수한 한글을 알 수 있어 글의 다양성을 배울 수 있는 기회이기도 하다. 전에는 주돈이가 쓴 천자문이 많이 쓰였지만 요즘에는 뜻과 음 그리고 단어나 사자성어들이 우리들의 실생활에 들어와 있다. 단순한 의미보다는 소리로서 상징을 대신하기도 한다. 큰 복을 짓는 궁궐을 의미하는 경복궁을 더 화려하게 나타내고자 시경 주아편의 시를 인용하여 치장하기도 한다.

경복궁 천자문은 실생활에서 많이 쓰이는 단어로 연결되기는 어렵다. 궁궐에서 사용하는 고급 단어들을 사용하므로써 단어와 연결되기 보다는 한 글자 한 글자 의미를 찾아서 이해하고 암기하여 재활용 한다면 생활에 도움이 될 것이다. 궁에 있는 글씨들은 상징성을 가지므로 의미가 다양하다. 건물 모퉁이 합각 면에 글씨를 조각하여 소망하는 글씨를 넣어 아름답게 꾸미기도 하였다. 글자 풀이를 순수하게 해서 이해하기 좋은 것도 있으나 갸우뚱하고 의심하는 내용들도 더러있다. 상징성이라는 차원에서 하나하나를 이해하여야 한다. 건물이나 문을 번호로 부여하면 관리하기는 쉽겠지만 생각하는 기회를 박탈하는 것이다. 공존과 포용이라는 상생의 차원으로 좋은 이름표를 지은 것으로 보인다.

한자 글씨체 다섯가지

1. 전서체 계무문과 광무문

2. 예서체 연생전 건청궁 건순각

3. **행서체** 강녕전 흠경각 응지당

4. **해서체** 광화문 경회루 일화문

5. **초서체** 향원정 주련

1. 光化門(광화문) 지역

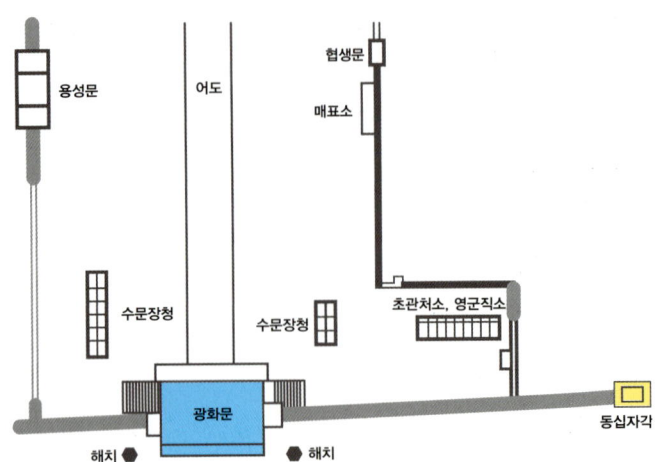

모든 건물 현판에는 의미를 부여하는데 궁궐에서는 음양오행과 전통사상에 의한 상징성으로 뜻을 살려주며 가치와 동시에 부르기 쉬운 이름을 지어주는 것이다.

光化門(광화문 光 빛 광 儿6 化 될 화 ヒ4 門 문 문 門8) 빛이 되는 문으로 이문을 들어가면 빛이 되라는 의미로 세종대왕 때 집현전 최고 학자들이 지어준 이름이다. 창건 당시에는 오문이라 불렸었다. 중국 북경 자금성 남문을 지금도 오문이라 불린다. 현판 글씨는 무관인 훈련대장과 영

▲ 시멘트로 복원했던 광화문 철거전 모습

건도감제조인 임태영이 썼다. 군인인 무관이 지킨다는 의미를 부여한 것으로 보인다.

총독부 건물을 지을 때 철거하겠다는 것을 1923년 일본 민예학자인 야나기가 쓴 글에 의하여 철거를 못하고 현 국립민속박물관 정문으로 옮겼었다. 6.25전쟁때에는 폭격으로 문루가 무너진 것을 방치하다가 1968년에 박물관을 지으면서 총독부건물을 가릴려는 이유로 원래자리로 옮겨 감쪽같이 시멘트로 총독부 건물방향에 따라 지었다. 우리나라의 경제력(국력)이 커지자 역사찾기 일환으로 철거하고 2009년에 정상적으로 복원한 건물이다.

獬豸 (해치 獬짐승이름해犬16 豸발없는벌레치豸7) 상상의 동물로 목에는 커다란 방울과 부릅뜬 눈, 비늘이 81개 덮혀 있는 몸이며 예리한 눈으로 주변을 다니는 사람들을 감시하는 역할을 한다. 죄 있는 사람을 뿔로 들이 받고 죄가 없으면 들이받지 않는다는 상상의 동물이다. 죄를 짓고는 광화문 해치해태 앞을 지날 수가 없다는 의미를 부여한 것이다.

▲ 1층 해태

▲ 2층 해태

守門將廳(수문장청 守지킬수宀6 門문문門8 將장수장寸11 廳관청청广25) 궁문을 지키는 장수관청이라는 뜻으로 조선시대 무관들이 업무를 담당하던 건물이다. 광화문과 흥례문 사이 광장에서 매일 수문장 교대의식은 하루에 몇 차례씩 실시하고 있다. 근무자의 편의를 위하여 근무지 주변에 지어준 건물이다. 광화문 안쪽 동서에 하나씩 2동이 있다.

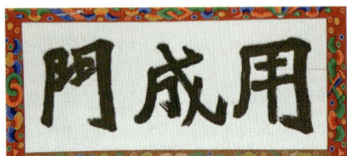

哨官處所(초관처소 哨망볼초ロ10 官벼슬관宀8 處살처虍11 所바소戶8)망보는 관리가 사는 곳이라는 뜻으로 경복궁 문을 관리하는 관리가 머물며 업무도 보면서 쉬기도 하는 곳을 말한다. 경복궁 각 대문에는 수문장청과 초관처소가 있었다.

營軍直所(영군직소 營경영할영火17 軍군사 군車9 直곧을직目8 所곳소戶8) 군사를 경영하는데 곧게 하는 곳으로 군인들의 24시간 근무하는 숙직실이나 당직실을 말한다.

用成門(용성문 用쓸용用5 成이룰성戈7 門문문門8) 쓰여져 이루는 문이라는 뜻으로 광화문 지역 중간 서측에 있는 문이다. 현판은 안에서 밖으로 나갈 때 보이는 현판이다. 지하철 3호선 경복궁역에서 나오면 문 이름이 보이지 않고 반대편에 있는 협생문과 같은 어도에서 보이는 문이다. 용성문은 삼문^{세칸}이며 협생문은 단문^{한칸}이다.

▲ 수문장청(동측)

▲ 초관처소와 영군직소

協生門(협생문 協맞을협+8 生날생生5 門문문門8)
협생문은 태어나야 맞을 수 있는 문으로 광화문 권역 동측에 있는 문이다. 용성문과 마주보고 있는 문으로 이름이 서로 조화되는 것이다. 음양오행사상에 의한 봄인 동쪽에서 태어나서 가을인 서쪽에서 결실을 이룬다는 의미를 부여한 이름이다.

東十字閣(동십자각 東동녘동木8 十열십+2 字글자자子6 閣문설주, 집각門14) 동십자각은 경복궁의 동쪽에 있는 궐로서 군사가 지키는 시설을 말하며 궁은 임금이 사는 곳을 말하며 궐은 지키는 곳을 말하는데 두 개를 합하여 궁궐이라 부르는 것이다. 궁궐에는 두궐闕인 서십자각이 있었으나 일제시대에 없어지고 경복궁은 동십자각만 남아 있다. 조선시대 궁궐의 궐은 창경궁의 남·북십자각이 있고, 현재는 서십자각만 없는 상태이다.

守門將 交代儀式(수문장 교대의식 交사귈교亠6 代대신할대人5 儀거동의人15 式법식弋6) 수문장 임무를 바꾸는 의식이며 15세기 복장으로 광화문과 흥례문 사이 넓은 터에서 임무교대를 하는 모습을 말한다. 하루에도 몇 번씩 하고 있다.

▲ 용성문

▲ 동십자각

▶ 수문장 교대의식 모습

景福宮(경복궁 景볕경 日12 福복복 示14 宮집·궁궐 궁 宀10) 볕처럼 복 받는 궁궐로서 큰 복 받기를 원하는 상징으로 지은 이름이다. 속뜻사전에는 "왕조의 햇볕 같이 밝은 복이 깃들기를 빈다는 뜻을 담은 조선시대의 궁전"이라고 나온다. 조선을 개국하고 개성에서 한양으로 천도하여 중심건물을 짓고 이름을 정도전이 바친 것이다. 임진왜란 때 왜군에 의하여 불태워진 후 오랫동안 비워졌다가 조선 말기 고종 때 중건하여 오다가 일본에 점령당한 후 일제에 의하여 훼손된 것을 복원 중에 있으며 조선의 문화유산으로 유지되고 있다. 실제 현판은 없지만 가치가 있어 이해가 되도록 황금색으로 편집하였다.

경복궁은 대한민국의 정통성을 간직한 모습으로 관광자원 일부로 국력에 걸맞게 더 높은 가치를 부여할 필요성이 있다. 친근하게 접근하면서 소중하게 느낄 수 있었으면 한다.

國立古宮博物館(국립고궁박물관 國나라국ㅁ11 立설립立5 古옛고ㅁ5 宮집궁宀10 博넓을박十12 物만물물牛8 館객사관食17) 나라에서 세운 옛날 궁의 만물을 모아 놓은 집으로 경복궁 경내에 만들어진 조선시대 궁궐관련 박물관이다. 궁궐관련 자료를 모아 전시하고 연구하는 공간이다. 북궐도상에서는 궐내각사의 마랑지역이다.

사직단(社稷壇 社토지신사示8 稷기장직禾15 壇단단土16) 나라를 세우고 조상의 사당과 곡식 신을 모시는 공간을 마련하는 것이 성리학적 사상이다. 좌묘우사 기준에 의하여 동쪽에 종묘를 짓고 서쪽에 사직단을 세웠다. 종묘는 궁궐과 같이 현판이 없고 사직단은 있다. 임금님이 백성을 위해 토신土神과 곡신穀神에게 제사 지내던 제단으로 광화문에서 서쪽으로 300여 미터 거리에 있다. 도심속의 인왕산 동남쪽에 단군성전과 사직단이 있다.

▶ 사직단 근경

五枝槍(오지창 五다섯오₋₄ 枝가지지 ₊₈ 槍창창 ₊₁₄)과 부시망(網그물망 糸14)

부시망은 새들이 들어와 집을 짓거나 배설물(새똥)을 방지하기 위하여 고건물 처마 밑에 설치한 그물망이다. 부시망을 설치하기 곤란한 곳은 다섯 가지가 달린 오지창을 설치하여 배설물에 의한 부식을 방지한다.

▲ 부시망

▲ 오지창 새 배설물에 의한 부식 후 설치한 곳

▲ 피해보기 전에 설치한 오지창

※ 경복궁 정문은 어디일까?

〈광화문 매표소 위치 선정 이야기〉

광화문이 복원되어 매표소가 어디에 들어서야 되는지 고민을 했다. 궁궐에 들어가기 전에 표를 구매하고서 들어가는 것이 정상이다. 그러나 광화문으로 들어가전에 미리 입장표를 내야 되는데 표를 사고 대기하는 공간이 좁고 도로가 너무 가까워 위험하여, 광화문 안에서 구입하고 흥례문으로 들어가게 되었다. 처음에는 당연하게 광화문 밖에서 사서 입장하게 하려던 것을 보기 싫다고 하여 현재와 같이 바꾸어 놓았다. 광화문 밖에서 표를 사기 위하여 길게 줄을 서는 것은 생각만 하여도 끔찍하다. 경복궁을 모르는 관람객이 무의식적으로 경복궁 정문에서 만나자고 약속하는 사람들은 가끔 서로 헤매게 하는 원인이기도 하다. 광화문 안에서 표를 구입하여 입장하는 것이 다소 아쉬운 점이다.

2. 興禮門(흥례문) 일곽

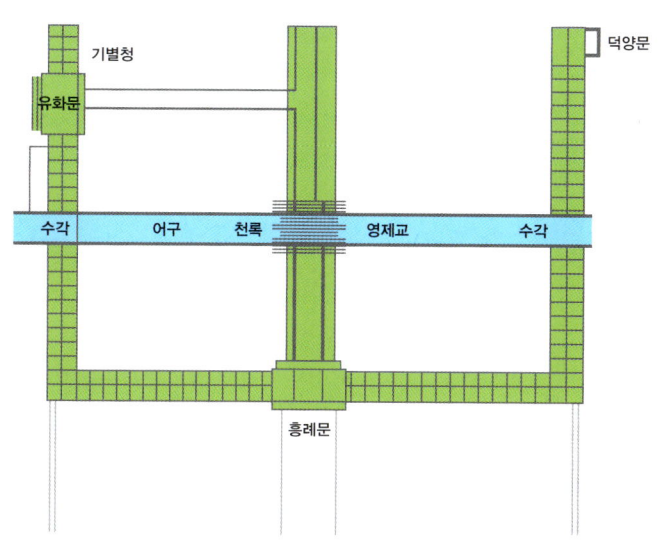

興禮門(흥례문 興일어날흥㉠16 禮예도례{예}㉲18 門문문門8) 예도가 일어나는 문으로 나라가 흥하라고 지은 경복궁 중문이다. 음양 오행상으로 남쪽을 의미하는 것으로 어울린다. 서울 성곽 남쪽 문 숭례문과 같다. 세종대왕 때에는 弘禮門 홍례문이라고 했다가, 중건시에 나라가 어려워서 부흥하라는 의미로 흥례문이라고 바꾸었다. 창경궁 정문에 홍화문 弘化門 홍자가 들어 있어 피하려고 바뀐 것으로 보인다.

▶ 불암산 흥국사 잡상모습

▶ 흥례문 야경모습

우리나라에는 흥국사라는 절이 몇 개 있다. 왕족들이 나라가 흥하기를 기원하는 사찰이므로 일반 절하고는 다르다. 북한산 동서쪽에 모두 절이 있는데 동쪽에 있는 절에는 궁궐에만 있는 잡상이 있다. 나라가 흥하라고 흥국문이라 하면 속보이기에 한단계 높게 흥례라 한 것은 아닐까? 한 단계 높게 표현한 성리학적 발상이다.

일제에 의하여 강제로 헐려 조선총독부 건물이 들어섰다가 2001년에 새로 지어진 건물이다. 흥례문이라 한 것은 흥선대원군 때 중건한 기준으로 복원한 결과이다.

維和門(유화문 維맬유糸14 和화목할화口8 門문문門8)화목함을 매는 문으로 궐내각사로 나가고 들어오는 문이다. 유화문을 열어 관람객^{신하} 관원들이 들어오고 나가는 문으로 활용할만하다. 기별청과 붙어있어 관료들이 이용한 문이다.

奇別廳(기별청 奇기이할기大8 別나눌별刀7 廳관청청广25) 기이한 것을 나누는 관청으로 조선시대 승정원에서 매일 일어나는 나라일을 적어 지방관청으로 소식을 보내는 관공서를 말한다. 기별은 기별청에서 보내는 소식을 말한다. 기자는 글씨체의 멋으로 변화된 내용이다.

德陽門(덕양문 德덕덕彳15 陽볕양阜12 門문문門8) 빛과 덕을 받는 문으로 궁궐에서 일하는 상궁이나 내시들이 다니는 문의 이름이다. 요즘에는 작업차량이 다니는 문이다. 현판은 동쪽인 주차장 쪽에 걸려 있다. 나머지 유화문 기별청은 가운데 어도에서 보이도록 걸려 있으나 덕양문은 반대편에 걸려있는 이유이다. 임금님이 이용하는 문은 임금 기준으로 어도 주변에서 보이도록 설치된다.

▶ 눈 덮인 유화문과 기별청

橋濟永

永濟橋(영제교 永길-영 水5 濟건널제 水17 橋다리교 木16) 길게 건너는 다리이다. 관료들이 정갈한 마음을 가지고 근정문으로 들어가도록 하는 상징성을 가지고 있다. 궁궐의 다리는 금할금자의 금천교 禁川橋라 하는데 경복궁의 다리는 영제교라 부른다. 창덕궁은 비단금자 금천교 錦川橋라 부르고 창경궁은 구슬옥자 옥천교 玉川橋라 부른다. 하천 이름은 창경궁만 옥천이라 하였다.

태종 이방원이 자연 하천수가 없어 인공 명당수를 만들어 멋진 다리인 영제교를 만들었다. 다리 네 모서리 기둥에는 서수들이 조각되어 있고 물가로 들어오는 잡귀를 막기 위하여 벽사의 기능을 하는 네 마리 천록이라는 동물을 조각하여 주변을 아릅답게 꾸몄다. 사진은 혀를 내밀고 있는 귀여운 천록(天하늘천 大4 鹿사슴록 鹿11)과 근엄한 모습들이다.

▶ 물에 비친 영제교 – 무지개 형태의 다리가 물에 반사되어 안경같이 보인다.

Ⅱ. 경복궁 현판으로 배우는 천자문 101

▶ 영제교의 천록 4마리. 물가로 침입하는 잡귀를 막는 상징적 동물상이다.

3. 勤政殿(근정전) 一郭(일곽)

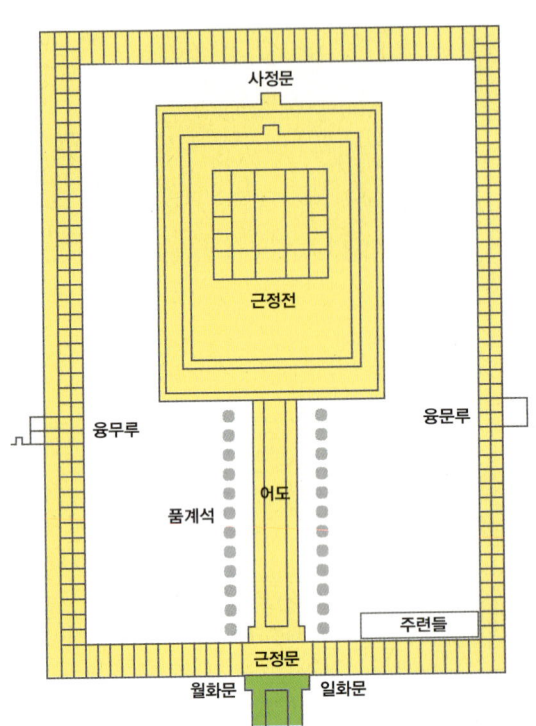

勤政殿(근정전 **勤**부지런할근 力13 **政** 정치정 攴8 **殿**큰집전 殳13) 부지런하게 정치를 하는 아주 큰집으로 궁궐의 큰 행사들인 사신 접대나 임금님의 축하행사를 하는 공간이다. 경복궁에서 대·내외적으로 중심이 되는 건물로 국가의 큰 행사를 치루는 공간이다.

▲ 한때 모형물 설치했던 근정전의 임금님 모습

학교 운동장의 사열대로 비유 할 수 있다. 행사를 주관하는 공간이라 볼 수 있다. 조선을 개국하고서 정도전이 이름을 올린 것으로 부지런한 임금이라면 태평성대가 올 것이라는 의미이다. 글씨는 쓴것이 아니라 철편조각을 이어 붙혀 해서 글씨체로 멋있게 보인다.

*85쪽 참고

勤政門(근정문 勤부지런할근 力13 政정치정 攵8 門문문 門8) 부지런하게 정사하는 집으로 들어가는 문으로 근정전의 정문이다. 1단의 답도가 설치되어 있고 오랫동안 총독부 건물에 가려 제 기능을 못했던 문이다. 좌우에는 일화문 월화문이 있다. 행각과 함께 보물 812호이다.

日華門(일화문 日해일 日4 華빛날화 艹12 門문문 門8) 해가 빛나는 문이다. 일이라는 글자가 임금도 나타내지만 여기에서는 문관 관료들을 말하는 것으로 문관들이 다니는 동쪽 문을 말한다.

▲ 소나기가 내린 근정전 모습

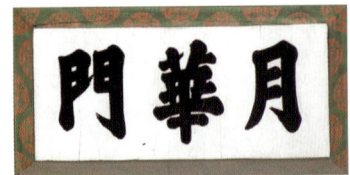

月華門(월화문 月달월₄ 華빛날화₁₂ 門문문₈) 달이 빛나는 문이다. 월은 왕비를 나타내기도 하지만 여기에서는 무관 관료들을 말하는 것으로 무관들이 다니는 서쪽문이다.

눈 내린날 월화문 ▲

品階石(품계석 品물건품₉ 階섬돌계₁₂ 石돌석₅) 正一品(正바를정₅ 一한일₁ 品물건품₉) 從一品(從따를종₁₁ 一한일₁ 品물건품₉) 二(二두이₂) 三(三석삼₃) 四(四넉사₅) 五(五다섯오₄) 六(六여섯육{륙}₄) 七(七일곱 칠₂) 八(八여덟 팔₂) 九(九아홉 구₂) 섬돌물건의 돌이라는 뜻으로 품계를 나타내는 돌이다. 정조가 왕위에 올라 관료들의 질서가 문란하다고 창덕궁에 세운 것이 시초1776년이다. 대원군이 중건시에 좋은 무른돌인 대리석으로 만들어 먼저 세웠던 창덕궁 인정전 것보다도 풍화가 심하다. 일부 글자가 마모되어 구분하기 어렵지만 서열별로 설치되어 있어 좌우로 비교하면서 볼 수 있다.

품계석을 조선시대와 하나하나 비교하면 이해가 될 수 있다. 예를 들어 조선시대 현감과 요즘 동장과 비교하면 실제 권한은 현감이 더 크지만 전체적으로 비교를 하기 위하여 만든 것이다. 군인의 무관 임관을 현 장교와 비교해도 무과 급제후 첫 벼슬이 9품이어야 하나 전반적 직제를 왕조시대의 기준으로 정리하였다. 현재의 민주주의 대통령제와는 직급체계가 다르기 때문이다. 총론은 맞는 편이다. 선출직과 자치단체 그리고 특수직을 비교하기는 어렵지만 기본적 직제를 포함하여 이해가 되도록 표를 만들었다. 군인, 경찰, 판검사, 소방등은 직제를 비교할 수 없지만, 여건이 많이 다르기 때문이다. 필요시에 각론에서 비교하여 이해를 돕도록 하였다. 기업체 직원들은 비교하여 비슷하게 이해하여야 한다.

총 24개로 24절기를 뜻하기도 한다. 한쪽의 12개는 1년 12달을 의미하기도 한다. 3품까지는 정과 종이 같이 있으나 4품부터는 정만 있다. 큰 행사에 참가하는 인원이 많은 상급직위인 당상관 3품까지는 구분하였고, 행사 참여빈도가 적은 4품이하 당하관은 정.종품을 정으로 통일 하였다.

▶ 품계석. 오른쪽에 있는 품계석은 창덕궁에 있는 품계석이며, 더 오래 된 것인데도 마모가 적다. 관람객이 많이 기대어 표지판을 설치하였다.

품계석 배치 비교

조선시대와 비교는 체계가 달라 불가능하나 이해를 돕기 위하여 비슷하게 작성

경복궁	무관/종친부	대한민국		문관	창덕궁
		선출직/특수직	임명직		
正一品	도제조 대군, 빈	국회의장	국무총리	영의정, 좌의정, 우의정	正一品
從一品	군(왕서자) 숙의	국회부의장	부총리, 감사원장,안기부장	좌찬성, 우찬성	從一品
正二品	판서.제조.도총관 삼도수군절도사	대법관, 서울특별시장 헌법재판관 합참의장.참모총장 국립대학총장	장관 대통령 비서실장 총리실국무조정실장	육조판서, 한성판윤(서울시장)	正二品
從二品	절도사,수사 포도대장·내금위장	국회의원, 군사령관, 검찰총장 경찰청장 도지사 광역시장 국립중앙박물관장	청장,차관, 수석비서관	대사헌 관찰사(도지사) 참판	從二品
正三品	첨지사	법원장 검사장 교육감, 군단장 부장판검사	관리관(1급) 국가직 실장 청와대 행정관	승지, 대사성 목사, 참의 평안감사	正三品
從三品	대호군 수문장	준장소장 사단장, 광역시의원 국립고궁박물관장 국립민속박물관장	이사관(2급) 국가직 국장	직제학 집의, 사관	從三品

경복궁	무관/종친부	대한민국		문관	창덕궁
		선출직/특수직	임명직		
正四品	별제 부호군 만호, 상궁	시장/군수, 연대장대령, 판사검사 경복궁관리소장	서기관(4급) 부이사관(3급) 국가직 과장	군수, 장령	正四品
正五品	사직 판관	시군의원, 경찰서장 대대장 소령중령 창경궁관리소장	사무관(5급) 면장, 동장 장학관	현령	正五品
正六品	종사관	중대장 대위 경찰 경정	주사(6급) 지방직 계장 대학교수	현감	正六品
正七品	참군	소대장 중위 경찰 경위	주사보(7급)	박사 직장	正七品
正八品	사맹	부사관 상사원사 경찰경사	서기(8급) 초·중·고 교사	봉사	正八品
正九品	별장	분대장하사 경찰순경	서기보(9급)	참봉	正九品

지방직은 직급 앞에 지방직을 붙임

上(下)月臺 (상하월대 上위상-3 (下아래하-3) 月달월月4 臺돈대대土14)근정전 건물 주변 돌로 되어있는 넓은 공간을 월대라 한다. 상하로 구분되어 위에 있는 것을 상월대라 하고 임금님의 공간이며, 아래에 있는 것을 하월대라 하는데 행사시 악공음악인들이 사용한 공간이다. 어도(御임금어彳16 道길도辶13) 임금이 다니는 길이다.

欄干石 (난간석 欄난간난{란}木21 干방패간干3 石돌석石5) 돌로 만든 방패 난간으로, 근정전 상.하 월대 가장자리 둘레에 화강암으로 만든 둘레석을 말한다. 안전과 권위와 위용을 나타내기 위하여 만든 것이다.

像支二十

十二支像(십이지상 十열십+2 二두이=2 支가를 지支4 像형상상人14) 子(子아들자子3쥐) 丑(丑소축—4) 寅(寅셋째지지인⌒11호랑이) 卯(卯넷째지지묘 p5토끼) 辰(辰다섯지지진辰7용) 巳(巳여섯째지지사乙3뱀) 午(午일곱째지지오+4말) 未(未여덟번째지지 미 아닐미未5양) 申(申아홉째지지신田5원숭이) 酉(酉닭유酉7 십이지支의 열째) 戌(戌개술戈6 열한째 지지) 亥(亥돼지해⌒6 지지의 열두번째) 12마리의 서수상을 동서남북 방위별로 배치하여 잡귀의 침입을 막고자 설치한 벽사의 상징성을 갖는 동물들이다. 방향별로 상징동물을 세웠는데 북쪽에 子자 남쪽에 午오, 그래서 지도상에서 남북을 가리킬 때에는 자오선이라 부르는 이유이다. 정확하게 위치를 선정하기가 어려운 것은 사각월대에 둥근사상을 접목시키기가 어려워 변형하여 적용한 것으로 보인다. 십이지와 십간갑을병정무기경신임계이 어울려 육십갑자를 만들고 한번 돌아옴을 환갑이라 한다. 서수가족은 조선이 영원하기를 바란 것이다. 우리 생활에서 60갑자를 알려면 십이지와 십간을 연결하면 쉽게 이해가 된다.

▶ 사신인 청룡과 12지신의 토끼모습(오른쪽)

▶ 국립민속박물관 입구에 있는 어린이 크기의 돼지의 십이지상 모습. 근정전 어좌 닫집에 있는 황룡 모습. 발톱이 황제를 상징하는 7개이다.

圖峰五月日

日月五峰圖(일월오봉도 日해일☉4 月달월 月4 五다섯오二4 峰산봉우리봉山10 圖그림도口14) 해와 달과 다섯 산봉우리가 있는 그림이다. 해는 임금을 달은 왕비를 다섯 봉우리는 우리나라 주요 명산인 북쪽 백두산, 남쪽 지리산, 동쪽 금강산, 서쪽 묘향산, 중앙 삼각산^{북한산}을 가르킨다. 전 국토와 우리나라를 의미하므로 임금을 일컫는 상징성이다. 행사장면시 임금님을 상징하여 얼굴대신 그린 그림이다.

樓文隆

隆文樓 (융문루 隆 높을륭{융} 阜12 文글월문文4 樓다락루{누}木15) 隆武樓(융무루 隆높을륭{융}阜12 武굳셀무止8 樓다락루{누}木15) 문을 높이는 다락집으로 정도전이 이름을 지을 때 문무가 조화되기를 바라면서 지은 이름이다. 문인은 다스림을 이루고 무인은 난을 안정시

▶ 융문루 계단 모습

킴으로 사람은 두팔이 있어야 하듯이 하나라도 없으면 장애가 되기에 조화되기를 기원했던 이름이다. 현재 현판은 동서 모두 없다. 지금이라도 기존 것이나 전문가의 새 현판을 달아보는 것도 가치 있을 것이다.

青瓦臺(청와대 青푸를청靑8 瓦기와와瓦5 臺돈대대土14) 푸른 기와집으로 대한민국 통치 권력의 중심지의 이름이 청와대이다. 조선시대에는 근정전, 사정전이라 이름을 지었는데 부지런하게 생각하면서 정치하라는 의미이지만, 대한민국은 푸른 기와집 청와대로 불리우고 있다. 북악산 아래 파란색 지붕 일부가 보이는 건물이 청와대이다. 일부 학자는 청와궁이나 청와관, 청와성, 대한성으로 바꿔 부를 것을 요청하고 있다. 이제 대한민국 국력에 맞게 바뀔 때가 된 것으로 보인다.

石 薄   薄石(박석 薄엷을박艹17 石돌석石5) 넙쩍하고 얇은 돌로 조정마당에 설치하였다. 비가오거나 할 때 땅이 질지 않도록 기본적으로 다듬은 돌로 조정을 만들었다. 매끄럽게 하지 않은 것은 눈 부심을 줄이고 백성의 노역을 최소화 하면서 사용할 수 있는 여건이 되었기 때문이다. 조선 고위 관료가 불편하여 교체하기를 건의하였으나 실용적이라 유지하고 있다.

爐 香   香爐(향로 香향기향香9 爐화로로{노}火20) 향기나는 화로로 국가의 행사나 제향때 향을 피우는 그릇으로 근정전 앞모서리 좌우에 하나씩 있다. 행사의 시작을 알리는 기구로 사용하였다. 일부 몰지각한 관람객이 쓰레기 통으로 착각하여 쓰레기를 버리기도 한다. 안에는 반쯤 모래가 차 있다. 국가 행사때 향을 피웠으며 요즘으로 보면 올림픽과 전국체전 성화대와 용도가 비슷하다. 왕권을 상징하는 정(鼎솥정鼎13)이라 하기도 한다.

瑞獸家族(서수가족 瑞상서로울서玉13 獸짐승수犬19 家집가宀10 族겨레족方11) 상서로운 동물 가족으로 조선이 영원히 유지하기를 바라는 흥선대원군의 염원이 담긴 작품으로 보인다. 아기 서수가 가슴에 매달린 모습이 앙증맞게 보인다. 서수를 개나 돼지 가족으로 보기도 한다. 조선시대 실학자 유득공은 대를 이어 지키는 개가족이라 기록하였다. 상서로운 동물을 상징적으로 조각한 것이므로 개나 돼지라 하여도 틀린 것은 아니다.

▶ 둥근 주초석은 다니는 공간(회랑개념)이며, 사각 주초석은 행각이다.

日 遮

遮日고리(차일 **遮**막을차초15 **日**햇볕일일4) 햇빛을 막는 고리로 햇볕을 가리기 위해 치는 차일[천막]을 고정하도록 묶는 물건이다. 연로한 당상관 이상의 관료들이 있는 곳에 그늘이나 비를 피하게 치는 텐트 역할의 차일을 고정하는 고리이다. 당상관들이 서 있는 정삼품 좌우 공간에 위치한다.

▶ 근정전 기둥의 차일고리

▶ 조정에 있는 차일고리

閣 行

行閣(행각 **行**갈행행6 **閣**문설주각문14) 연결되어 가는 집으로 정전주변의 연결된 부속 건물들을 말한다. 행랑이라고도 한다. 안쪽으로는 건물들로 들어차 있었으나 총독부가 1915년 시정 5년기념 조선물산공진회를 경복궁에서 열면서 다른 건물들과 함께 헐어버리고 전시품을 전시하는 공간으로 사용하였다. 근정전 동서쪽의 행각은 행사 때 헐어 전시공간으로 만들어 지금까지 이어지고 있다. 안쪽기둥 하단부를 보면 구멍이 있다. 칸막이 행각 집으로 관청이나 창고로 사용하였던 흔적이다. 주춧돌이 사각으로 되어 있는 곳까지는 가려지는 곳이고, 사람이 다니는 공간인 남쪽회랑에는 모두 둥근 주춧돌로 되어 있다. 사정전이나 강녕전 행각은 단랑[한칸] 형태이나 근정전 행각은 복랑[두칸]으로 구성되어 있다.

한글 현판과 한글 주련을 비교하여 이해하도록 조선 세조 광릉 원찰인 봉선사의 현판을 근정전 현판과 주련으로 살펴본다. 주련은 의미를 새겨 걸어 생각할 수 있는 기회를 제공해 주는 것이라서 두 개의 내용을 이해하면 좋겠다. 봉선사 대웅전을 큰 법당으로 주련은 화엄경을 번역 요약하여 표현하였기에 진행형으로 씌어 있다.

 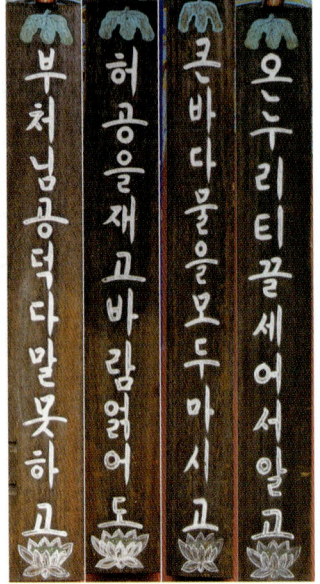

▶ 봉선사 현판과 주련이 한글이다.

勤政殿 柱聯(근정전 주련)

立愛敦親敎民以睦(입애돈친교민이목) 立설, 세울**입**[립]立5 愛사랑애心13 敦도타울, 정성돈攵12 親친할친見16 敎가르칠교攵11 民백성민氏5 以써이人5 睦화목할목目13
사랑을 세우고 친교를 정성스럽게 하여 백성을 화목하게 대하고,

※소방장비를 설치하는 관계로 현재는 볼수 없다. 필요시 볼 수 있도록 재현품을 옆 공간에다가 설치할 필요가 있다. 사진작가 서헌강, 문화재청 제공

好學樂善爲世所宗(호학낙선위세소종) 好좋을호女6 學배울학子16 樂즐길낙[락], 풍류[악], 좋아할[요]木15 善착할선口12 爲할위爪12 世세상세一5 所것소戶8 宗으뜸종宀8
배우기를 좋아하고 착함을 즐기면 세상 대대로 으뜸이 된다.

序昭六親殷道隆盛(서소육친은도융성) 序차례서广7 昭밝을소日9 六여섯육[륙]八4 親친할친見16 殷성할은殳10 道길도辶13 隆융성할융[륭]阝12 盛담을성皿12
차례가 육친에 밝으니 은나라의 길이 융성함을 담고,

德推九睦治堯叶龢(덕추구목치요협화) 德덕덕彳15 推천거할추扌11 九아홉구乙2 睦화목할목目13 治다스릴치氵8 堯요임금요土12 叶화합할협口5 龢조화될화龠22
덕이 구목을 천거하니 요임금의 정치가 화합하고 조화된다.

※ 소방장비에 일부가 가려 있다. 사진작가 서헌강, 문화재청 제공

列卿尙書落花低春酒(열경상서낙화저춘주) 列벌일열[렬]刂6 卿벼슬경卩12 尙오히려상小8 書글서曰10 落떨어질낙[락]艹13 花꽃화艹8 低밑, 아래저亻7 春봄춘日9 酒술주酉10
열경과 상서들은 봄에 지는 꽃에서 술을 마시고,

王孫公子芳樹下淸歌(왕손공자방수하청가) 王임금왕玉4 孫손자손子10 公공변될공 ハ4 子아들자子3 芳꽃다울방艹8 樹나무수木16 下아래하一3 淸맑을청氵11 歌노래가欠14
왕손과 공자들은 꽃다운 나무아래에서 맑은 노래를 한다.

扞禦宗邦維城維翰(한어종방유성유한) 扞막을한扌10 禦막을어示16 宗마루, 으뜸종 ハ8 邦나라방阝7 維비로소유糸14 城성성土10 維바유糸14 翰날개한羽16
나라를 막고 막는 으뜸은 성과 날개이며,

夾介王室之屛之藩(협개왕실지병지번) 夾낄협大7 介끼일, 의지할개人4 王임금왕 玉4 室집실宀9 之갈지丿4 屛병풍, 담병尸11 之갈지丿4 藩덮을, 울타리번艹19
왕실이 의지하는 것은 담과 울타리이다.

休戚與同忠愛采篤(휴척여동충애미독) 休쉴, 기뻐할휴亻6 戚친척척戈11 與더불어 여臼14 同한가지동口6 忠충성충心8 愛사랑애心13 采점점미釆8 篤도타울독竹16
기쁨을 친척과 더불어 하면 충성하고 사랑하면 점점 도타워지며,

恬嬉是戒文武俱全(염희시계문무구전) 恬편안할염心9 嬉즐길희女15 是옳을시日9 戒경계할계戈7 文글월문文4 武군셀무止8 俱함께구亻10 全온전할전入6
편안하게 즐기는 것을 옳게 경계하면 문과 무가 함께 온전해진다.

天漢殿高孰不欽敬(천한전고숙불흠경) 天하늘천大4 漢한수한氵14 殿큰집전殳13 高높을고高10 孰누구숙子11 不아닐불一4 欽공경할흠欠12 敬공경할경攵13
천한전 높으니 누가 공경하고 공경 안할까.

春秋門近地是淸要(춘추문근지시청요) 春봄춘日9 秋가을추禾9 門문문門8 近가까울근辶8 地땅,지위지土6 是옳을,그러할시日9 淸맑을청氵11 要구할요襾9
춘추문 가까우니 청요의 지위라네.

完矣美矣公子謂善居(완의미의공자위선거) 完완전할완宀7 矣어조사의矢7 美아름다울미羊9 矣어조사의矢7 公공변될공八4 子아들자子3 謂이를위言16 善착할선口12 居있을거尸8
완전함과 아름다움은 공자의 착함이 있는 것을 이르는 것이네.

노을지는 해와 광화문

4. 思政殿(사정전) 一郭(일곽)

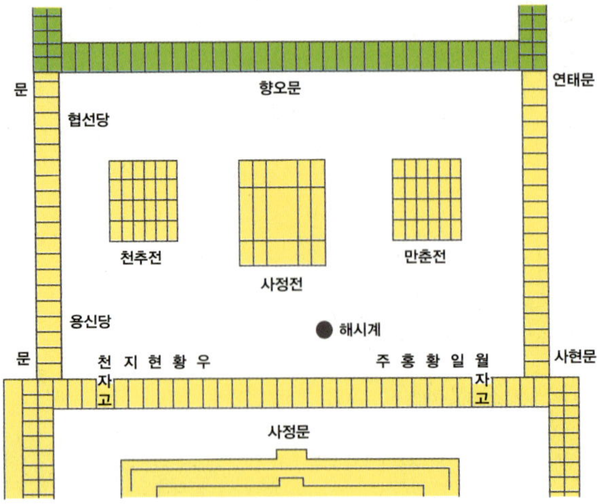

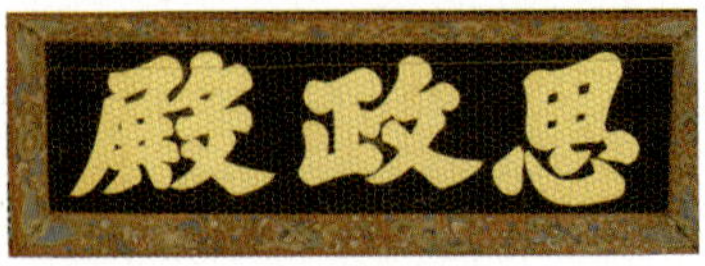

思政殿(사정전 **思**생각할**사**心9 **政**정치**정**攴8 **殿** 큰집**전**殳13) 생각하면서 정사를 하는 큰집으로 경복궁 정치의 중심지이다. 이곳에서 모든정치가 이루어 지는 곳으로 왕의 공식적인 집무실인 셈이다. 정도전이 지어올린 이름중에 현실과 이상을 조화시켜준 아름다운 이름이다. 정치를 생각하면서 하라는 조선백성들의 염원이라 보인다. 청와대青瓦臺는 푸른 기와 집이라는 단순한 이름보다는 가치가 있고 품격이 있어 보인다. 가치를 인정받아 보물1,759호로 지정되었다. 현판글씨는 이조판서 조석우가 썼다.

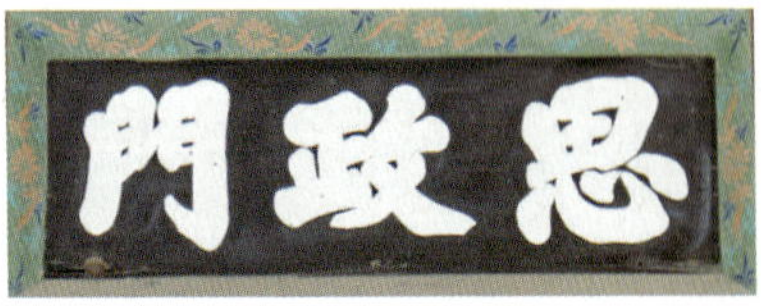

思政門(사정문 **思**생각할**사**心9 **政**정치**정**攴8 **門**문**문**門8) 생각하면서 정치하는 곳으로 들어가는 문이다. 사정전의 정문이다. 문은 3칸으로 가운데는 왕이 다니는 문이고, 좌우문으로 신료들이 드나들던 문이다.

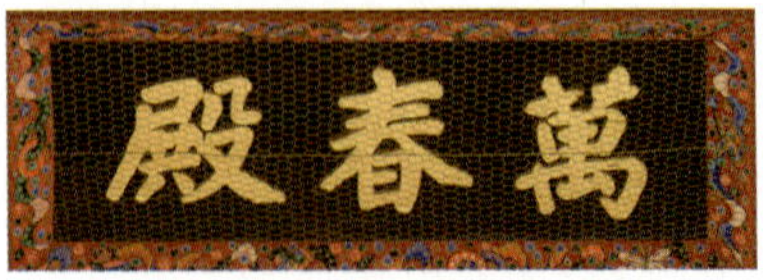

萬春殿(만춘전 **萬**일만**만**艸13 **春**봄**춘**日9 **殿**큰 집**전**殳13) 일만의 봄을 맞는 집으로 오랜 시간 동안 맞이하기를 기원하는 의미로 지어진 이름이다. 봄은 오행에

▲ 사정전 내부 운룡도와 칠보향로. 어좌위에 그려져 있는 용그림으로 생동감 있게 구름을 휘돌아치는 모습으로 발톱이 5개로 임금님을 나타낸다. 근정전 내부에도 있는 칠보향로는 청나라가 선물한 칠보향로라 한다. 실제로 사용하기 보다는 임금의 권위를 나타내는 상징성을 나타낸 것으로 보인다. 오른쪽에 있는 것은 청나라의 심양고궁정전으로 비슷한 용의 발톱 5개와 향로가 있다.

서 동쪽을 상징하여 사정전의 동쪽 건물을 만춘전이라 하였다. 6.25때 부서진 것을 88올림픽때 복원한 건물이다. 만은 영원하다는 의미로 국가 기틀이 영원히 끊임없이 이어지기를 바라는 마음을 말한다. 천자도 마찬가지의 의미이다. 온돌이 설치되어 있어 입춘부터 하지까지 사용하고, 천추전은 입추부터 입춘까지 이용한 건물로 보인다.

用申堂(용신당 用쓸용5 申펼신田5 堂집당土11) 펼쳐 쓰는 집이다. 사정전 서남 방향의 쓸만한 집으로 궁궐에 살던 내시들이 살아가는 공간으로 보인다. 천자고 앞에 있는 방이다. 임금님의 심부름하는 내시들이 궁궐의 중심건물들인 행각주변에 거처를 마련하고 살았던 공간이다. 당으로 높혀서 부여한 이유는 내시들에게 자부심을 주어 업무를 시키기 위한 이유라 짐작된다.

▶ 천추전

千秋殿(천추전 千일천천+3 秋가을추禾9 殿큰집전
殳13) 일천의 가을을 맞는 집으로 만자와 마찬가지로 오랜 시간을 의미한다. 조선역사가 오래도록 유지되기를 바라면서 지어진 이름이다. 가을은 서쪽을 의미하므로 사정전의 서쪽 건물이름으로 부여했다. 현판글씨는 이조참의로 좌이정을 지낸 정범조가 썼다. 좌우에 온돌이 깔려있어 추운 시기에 이용한 건물이다. 문종이 1452년 39세로 승하한 건물이다.

協善堂(협선당 協맞을협+8 善착할선口12 堂집당土11)
착함을 맞이하는 집이다. 고종 때 왕자의 교육장소로 사용하기도 하였다. 수정전이나 경회루로 나갈 수 있는 천추전 서북행각에 있다.

思賢門(사현문 思생각할사心9 賢어질현貝15 門문문
門8) 생각하는 어진신하가 다니는 문이다. 시정전 동측 행각 남쪽에 있다. 동궁에서 들어올 수 있는 문으로 동궁 세자가 다니는 문으로 보인다. 문 이름이야 좋게 지으려고 한 것이지만 여건과 맞게 이름을

지은 것으로 동궁과 붙어 있어 어진신하란 세자를 의미하는 것으로 보인다.

延泰門(연태문 延끌연㇏7 泰클태氺10 門문문門8) 크게 이끄는 문으로 태평을 맞이하는 뜻이다. 사정전 동측 행각 북쪽 문이다. 동궁이나 소주방 지역에서 들어올 수 있는 문이다.

天字庫(천자고 天하늘천大4 字글자자子6 庫곳간고广10) 하늘 글자의 곳간으로 천자문 순서의 창고를 말한다. 요즘으로 비유하면 1번 창고라 할 수 있다. 궁궐에서 단순한 일번창고 2번 창고라 하기보다는 고상하게 천자문을 이용하여 번호대신 天地玄黃(天하늘천大4 地땅지土6 玄검을현玄5 黃누를황黃12)하늘은 검고 땅은 누렇고 宇宙洪荒(宇집우宀6 宙집주宀8 洪넓을홍氺9 荒거칠황艹10) 우주는 넓고 끝이 없다.

▶ 천지현황우주홍황일월 10개의 창고 이름표들

日月盈昃(日해일日4 月달월月4 盈찰영皿9 昃기울측日4) 해와 달도 차면 기운다. 창고순서가 적을 때는 상중하, 천지인, 하기도 하고 많으면 천자문 순서나 一二三四 요즘에는 아라비아 숫자나 한글이나 영어 알파벳 순서를 차용하여 사용한다. 천자문은 자연원리 내용이며 남송 주홍사가 하룻밤에 지었다고 한다.

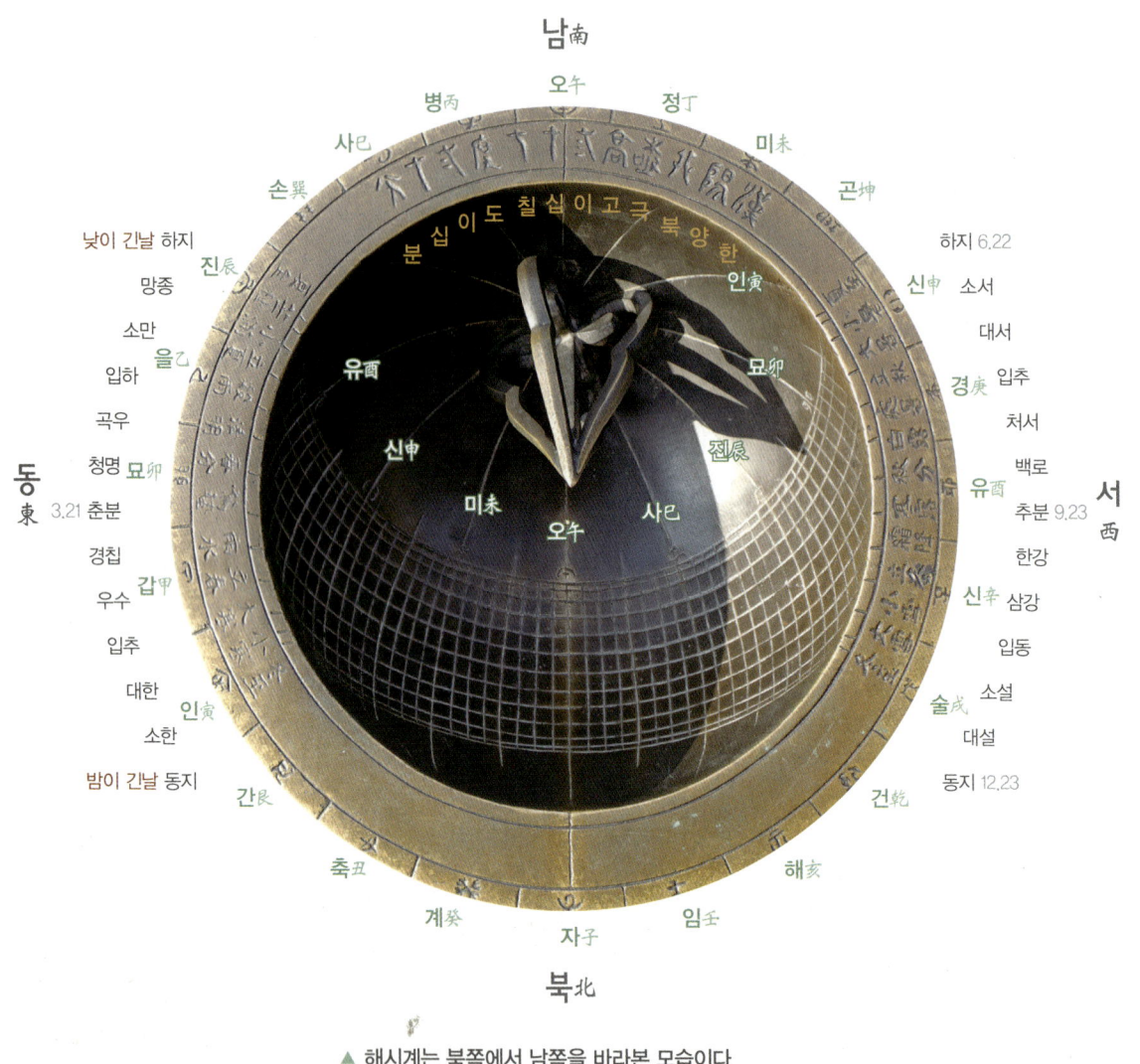

▲ 해시계는 북쪽에서 남쪽을 바라본 모습이다.

24절기(節氣 節마디절竹15 氣기운기气10)

- 소한(小寒 小작을소小3 寒찰한宀12)
- 대한(大寒 大큰대大3 寒찰한宀12)
- 입춘(入春 入들입入2 春봄춘日9)
- 우수(雨水 雨비우雨8 水물수水4)
- 경칩(驚蟄 驚놀랄경馬23 蟄숨을칩虫17)
- 춘분(春分 春봄춘日9 分나눌분刀4)
- 청명(淸明 淸맑을청水11 明밝을명日8)
- 곡우(穀雨 穀곡식곡禾14 雨비우雨8)

- 입하(入夏 入들입入2 夏여름하夊10)
- 소만(小滿 小작을소小3 滿찰만水14)
- 망종(芒種 芒털, 터럭망艸7 種씨종禾14)
- 하지(夏至 夏여름하夊10 至이를지至6)
- 소서(小暑 小작을소小3 暑더울서日13)
- 대서(大暑 大큰대大3 暑더울서日13)
- 입추(入秋 入들입入2 秋가을추禾9)
- 처서(處暑 處살, 머무를처虍11 暑더울서日13)

- 백로(白露 白흰, 깨끗할백白5 露이슬로{노}雨20)
- 추분(秋分 秋가을추禾9 分나눌분刀4)
- 한로(寒露 寒찰한宀12 露이슬로{노}雨20)
- 상강(霜降 霜서리상雨17 降내릴강{항복할항}阜9)
- 입동(入冬 入들입入2 冬겨울동冫5)
- 소설(小雪 小작을소小3 雪눈설雨11)
- 대설(大雪 大큰대大3 雪눈설雨11)
- 동지(冬至 冬겨울동冫5 至이를지至6)

晷日釜仰

仰釜日晷 (앙부일구 仰우러를앙 人6 釜가마부 金10 日해일 日4 晷그림자구 日12) 그림자를 가마솥에 우러러 보게 만든 해시계이다. 세종대왕 16년에 처음 만든 해시계이다. 사정전 앞 해시계는 보물 845호로 지정 된 것을 복제하여 만들어 놓은 것이다. 24절기와 시간을 알 수 있는 세계에서 유일한 방법으로 만든 시계이다.

사진상으로는 춘분인지 추분인지 구분하기 어려우나 현실에서 봄인지 가을인지는 알 수 있다. 24절기와 시간을 알 수 있도록 안쪽에 홈을 파고 바깥부분에 절기를 표시하였다. 가장자리에는 상형문자로 12간지를 표시하여 글을 모르는 사람들을 위하여 만들었다. 한양 북극고 27° 20분이라고 씌어 있다. 서울에서 측정한 북극성의 각도를 나타내고 오늘날 북위와 같은 개념으로 쓰였다. 앙부일구 사진은 소서때 07:20분에 찍은 사진이다. 가르키는 시계는 06:50을 보여주는 것으로 서울 실제 시간이다. 동경 135°는 영국기준점에서 동쪽으로 135°에 있는 일본 중심을 지나는 시간 기준점이다. 서울은 127° 기준으로 약 30분 차이를 보인다.

하지는 낮이 가장 길고 동지는 밤이 가장 긴 날이다. 춘분이나 추분은 낮과 밤이 똑같은 시간을 말한다. 24절기는 태양력을 기준으로 하여 하루정도 차이가 난다. 음력은 보름달 기준으로 한 달 정도 차이가 난다. 24절기와 24방위 그리고 12지간 24시간을 알 수 있다.

24方位(방위 方사방, 모방 方4 位자리위 人7)

- 자(子 첫째지지, 아들자 子3)
- 계(癸 열째천간, 북방계 ㅈ9)
- 축(丑 둘째지지, 소축 —4)
- 간(艮 어긋날, 괘이름간 艮6)
- 인(寅 셋째지지, 호랑이인 宀11)
- 갑(甲 첫째천간, 갑옷갑 田5)
- 묘(卯 넷째지지, 토끼묘 ㅁ5)
- 을(乙 둘째천간, 새을 乙1)

- 진(辰 다섯째지지, 별, 용진 辰7)
- 손(巽 손괘, 유순할손 己12)
- 사(巳 여섯째지지, 뱀사 己3)
- 병(丙 셋째천간, 남녘병 —5)
- 오(午 일곱째지지, 말오 十4)
- 정(丁 넷째천간, 장정정 —2)
- 미(未 여덟째지지, 아닐, 양미 未5)
- 곤(坤 땅, 곤괘곤 土8)

- 신(申 아홉째지지, 원숭이신 田5)
- 경(庚 일곱째천간, 별경 广8)
- 유(酉 열째지지, 닭유 酉7)
- 신(辛 여덟째천간, 매울신 辛7)
- 술(戌 열한번째지지, 개술 戈6)
- 건(乾 하늘, 건괘건 乙11)
- 해(亥 열두번째지지, 돼지해 ㅗ10)
- 임(壬 아홉째천간, 북녘임 土4)

합각 글씨

벽돌글씨체로 팔작지붕의 합각면에 아름답게 상징성을 의미하는 글씨들을 설치하였다. 합각에는 검정글씨로 되어 있고, 꽃 담장에는 붉은 벽돌로 설치되어 구분할 수 있다.

강녕전의 동측
康(편안할**강**)

강녕전의 서측
寧(편안할**녕**)

천추전 동측
康(편안할**강**)

천추전 서측
寧(편안할**녕**)

- 외전인 천추전, 만춘전 합각에 조각되 있으나 강녕전·교태전에 비하면 글씨는 서로 약간 다르며 멋이 없다.

교태전의 동측
壽(목숨수)

교태전의 서측
福(복복)

동궁자선당 동측
祥(상서로울상)
연생전, 경생전
남쪽

동궁자선당 서측
吉(길할길)
연생전, 경성전
북쪽

Ⅱ. 경복궁 현판으로 배우는 천자문 **129**

글씨내용들은 대부분 경복궁에 있는 글자로 구성되어 있다.
겹치는 부분은 대표적인 한 글자만 하고 내전과 외전(천추전)의 강녕은 구분해 볼 수 있도록 같이 표기하였다.

연길당 囍(쌍희)
응지당, 건순각
장안당

함원전 동측
張(베풀**장**)

함원전 서측
樂(즐길**락**)

흠경각의 동측
萬(만**만**)

흠경각의 서측
歲(해**세**)

태원전 동측
泰(클**태**)

태원전 서측
元(으뜸**원**)

5. 慶會樓(경회루) 지역

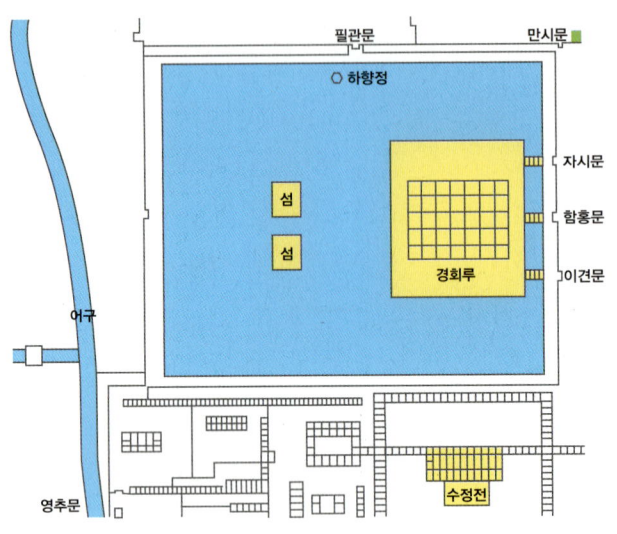

慶會樓(경회루 慶경사경 ㉘15 會모일회 ㉤13 樓다락집루 {누}木15) 경사스러운 모임을 하는 다락집으로 조선시대 국가의 외교 사신들이 오거나 궁궐에 경사가 있을 때 연회를 베풀던 공간이다. 글씨는 처음에는 태종의 장남 양녕대군이 썼으나 현재는 고종 4년 1867년 김정희 제자 신헌이 쓴 것이며 樓글씨는 옛 서체로 썼

다. 기둥은 사각이 24개 둥근기둥이 24개로 24절기와 일년을 의미한다. 주역과 음양오행의 사상이 담겨져 있는 건물이다. 서측에는 만세산 두 개의 섬이 있다. 중종과 반정공신에 의하여 폐위된 단경왕후의 치마바위 전설이 애틋하게 전해진다. 폐위된 왕비가 붉은 치마를 인왕산 바위에 걸어두면 중종이 알아 봤다는 일화가 있다. 연산군의 흥청망청의 이야기가 경회루와 연결되는 것은 연못에서 배를 띄워 놓고 흥청망청 놀았다는 이유이며 중종의 반정 명분을 주기도 한 곳이다. 패자인 연산군은 조선시대 전무후무한 폭군으로 기록되었다.

경회루에 몰래 들어왔다가 세종임금에게 걸린 이야기가 연려실기술이라는 책에 나온다. 말단직인 구종직이 당직 근무시에 아름답다는 경회루에 몰래 들어왔는데 그때 세종대왕에게 발각되어 격양가라는 노래와 춘추라는 경전을 아주 잘 암기하여 다음날 임금님에 의하여 5단계 진급 영전을 하였다고 한다. 노래나 사서삼경 암송을 잘하여 불법으로 들어간 처벌 위기에서 벗어났다는 일화가 전한다.

▶ 경회루를 정면에서(위)와 측면(아래)에서 바라본 모습. 가운데 문 함홍문에서 본 것으로 어안렌즈로 촬영

잡상(雜像 어처구니 雜섞일잡 隹18 像형상상 人14) 궁궐의 추녀마루 또는 박공머리 수키와 위에 덧얹는 여러 가지 짐승 형상으로 삼장법사 제자인 손오공, 저팔계, 사오정 등이 가장 많은 건물로 경회루를 꼽는다. 보통 건물들은 3개부터 설치를 하는데 사정전이 7개이며 근정전이 9개 현재 7개 경회루는 11개로 가장 많이 설치되어 가치를 인정받고 있다.

荷香亭(하향정 荷연하 艸11 香향기향 香9 亭정자정 亠9) 연꽃 향기나는 정자로 경회루 북쪽에 세워진 정자이다. 이 건물은 이승만 대통령이 1959년도에 지은 건물로 낚시와 휴식을 즐기기도 하였다. 두 개의 기둥은 물속에 잠겨있는 육각형의 건물이다. 창덕궁의 부용정도 두 개의 기둥이 물속에 잠겨있어 조화의 아름다움을 보여준다. 두 다리를 물속에 담근 것은 씻는 개념과 깨끗함을 의미하기도 한다.

▶ 경희루 사각 기둥에서 바라본 서수와 물에 비친 하향정

▶ 담장에 붙어 있는 문이 필관문이고 건물은 하향정이다. 이무기 입에서 물이 나오고 있다.
 수로는 향원정과 연결되어 있었다. 핸드폰으로 촬영.

必觀門(필관문 必반드시필 心5 觀볼관 見25 門문문 門8) 반드시 보는 문으로 경회루 북측 담장 중간에 있다. 하향정으로 들어가는 문이기도 하다. 이 건물은 고종5년(1868)에 세운 문이다. 경회루 사방에 담장이 있었고 담장에는 문이 있었던 것이다. 담장이 있던 조선시대에는 지금과 같이 경회루의 외관을 볼 수 없었다.

利見門(이견문 利이로울리{이} 刀7 見볼견 見7 門문문 門8) 이로움을 보는 문으로 경회루 동측 세 개문 중 남쪽 문을 말한다. 연결된 다리는 일교 日橋 라 하여 임금님만 다니는 문으로 세 개의 문중에서 가장 크고 넓다. 다리 위 난간 기둥 위에 잡귀를 물리친다는 서수들이 조각되어 있다.

舍弘門(함홍문 舍머금을함 口7 弘클홍 弓5 門문문 門8) 크고 넓음을 머금은 문으로 경회루 동측 가운데 문이다. 연결된 다리가 월교 月橋 이며 난간 기둥위에 서수들이 조각되어 있다. 요즘에는 함홍문 앞에서 봄부터 가을까지 4~10월 경회루 2층 특별개방 관람시에 들어가는 문이다.

資始門(자시문 資재물자 貝13 始처음시 女8 門문문 門8) 재물을 처음 만나는 문으로 경회루 동측 세 개의 문중 북쪽문이다. 보통 관료들이 다녔던 문으로 성교 星橋 와 연결되어 난간기둥 위에는 서수인 불가사리가 조각되어 있다. 아쉽게도 충격에 의한 상처가 있다.

修政殿(수정전 **修**닦을수 人10 **政**정치정 攴8 **殿**큰집전 殳13) 현명한 신하가 모여서 닦으면서 정치하는 집으로 나라를 제대로 이끌어가는 임금주도의 이름이다. 수정전은 대원군의 기준으로 지은 건물로 수양하면서 정치하라는 의미이기도 하다. 궐내각사闕內各司 중에 유일하게 남아 있는 건물이다. 가치를 인정받아 보물로 지정되어 있다. 세종대왕 시절에는 집현전을 두어 유능한 학자들을 키워내던 공간이었다. 고종 때에는 의정부인 군군기무처가 들어서서 국정을 운영하기도 한 건물이다. 닦으면서 정사를 보라는 의미의 이름이고 보면 잘 지은 이름이다. 궐내각사에 월대가 있는 것으로는 유일하다. 궁궐 내에 월대에서 행사를 할 수 있는 곳으로 비유하면 현재의 국무총리실이라 볼 수 있겠다. 현판 글씨는 도승지를 지낸 조석원이 썼다.

集賢殿(집현전 **集**모을집 隹14 **賢**어질현 貝15 **殿**전각전 殳13) 현명한 관료들이 모여 연구하는 큰 집이며 싱크탱크 집단으로 연구하는 관료집단이다. 궁궐다운 세종대왕시절의 집현전으로 현판을 바꿔 달았으면 하는 바람이다. 기울어가는 조선후기 보다는 성장해가는 세종 시절이 더 큰 가치를 갖기 때문이다.

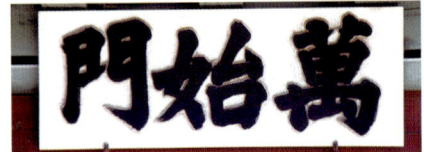
萬始門(만시문 萬일만만艸13 始처음시女8 門문문門8) 처음으로 많은 사람이 다니는 문으로 경회루 북동쪽에 있는 문이다. 후원에서 침전과 경회루로 이동하는 공간에 있는 문이다.

迎秋門(영추문 迎맞이할영辶8 秋가을 추禾9 門문문門8) 가을을 맞이하는 문으로 경복궁 서쪽 문이다. 가을 서쪽을 의미하므로 서쪽 문으로 지어준 것이다. 궐내각사가 주변에 있어 관료들이 많이 드나들던 문이다. 관동별곡을 쓴 정철이 영추문으로 들어온 이야기가 전해진다. 현판은 무관인 영건도감 제조와 금위대장과 공조판서를 지낸 허계가 썼다.

▶ 낙엽이 지는 가을을 알리는 노란 단풍이 영추문과 어울리는 듯하다.

6. 康寧殿(강녕전) 지역(소주방 포함)

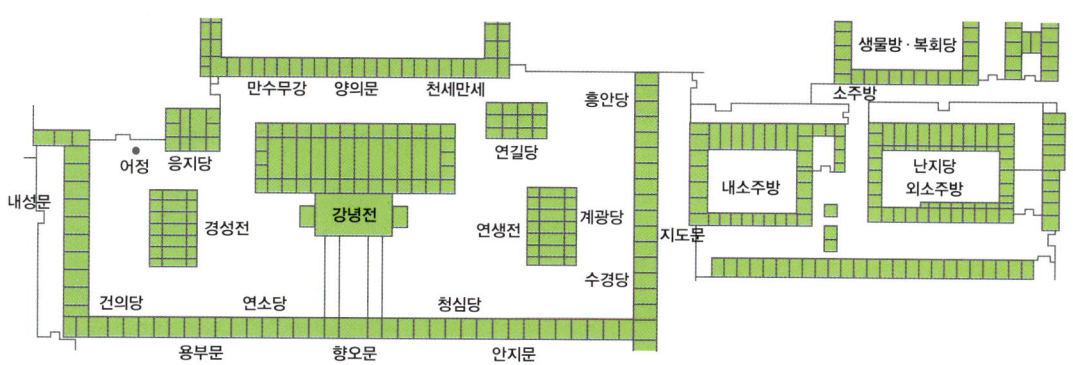

康寧殿(강녕전 康편안할강ㅏ11 寧편안할령{영}ㅏ14 殿큰집전ㅊ13) 편안하고 편안한 큰집으로 임금의 침전이다. 오복 중에 세 번째가 강녕이라고 서경 홍범편에 있는 것을 정도전이 지은 이름이다. 강녕전은 주변에 다섯 개의 건물을 포함하고 있다. 동남에 연생전, 서남에 경성전, 동북에 연길당, 서북에 응지당을 거느리고 있는 구조로 되어 있다. 오행으로 중심건물에 강녕전을 두고 사방에 네 개의 건물을 세운 동양사상을 이용한 건물 형태이다. 동온돌과 서온돌로 구분되어 있다. 아홉 칸의 방으로 구성되어 있어 휴식을 취하거나 사적으로 신하들을 만나기도 한 건물이다. 온돌을 유지하는 굴뚝은 보기 싫지 않도록 교태전 행각에 붙어 있는데 만수무강과 천세만세를 벽돌글씨^{전각글자}로 새겨 넣어 침전지역의 아름다움을 추구하였다.

嚮五門(향오문 嚮향할, 누릴향ㅁ19 五다섯오ㅡ4 門문문門8) 다섯을 누리는 문으로 오복을 받으라는 의미의 문이다. 근정문이나 사정문 같이 짓지 않고 다르게 상징성 있게 지어드린 이름표이다.

▶ 월대가 있는 강녕전 전경

▶ 9개의 방이 있는 강녕전 내부

▶ 강녕전 동측의 소침 연생전

延生殿(연생전 延끌연ㅊ7 生날생土5 殿큰집전ㅊ13) 생을 끌어들이는 큰집으로 강녕전 동쪽의 소침이다. 정도전이 서쪽에 있는 경성전과 같이 지은 이름이다. 세종때 이곳에서 살던 상궁이 벼락에 맞아 죽어 죄지은 사람들을 사면하였다는 일화가 있다.

延吉堂(연길당 延끌연ㅊ7 吉길할길ㅁ6 堂집당土11) 길함을 끄는 집으로 강녕전 동 북측에 있는 건물이다. 서쪽의 응지당과 짝을 이루는 독립된 건물이다. 길자가 선비土에서 흙土로 되어 속체이다. 시험 볼때 흑토로 쓰면 틀린 것으로 채점할 수 밖에 없다.

▶ 사정전 잡상에서 바라본 북서쪽 전경

慶成殿(경성전 慶경사경㊀15 成이룰성戈7 殿큰집전
殳13) 경사를 이루는 큰집으로 강녕전 서쪽의 소침이다.
천지가 만물을 이루는 것을 밝히면서 지은 이름으로 정
도전이 지었다. 선조가 왕위에 오르기에는 미흡한 방계 후궁 손자 출신이지만 하성군으로 들어
와 임금으로 즉위하기 전에 잠시 머문 곳이다.

膺祉堂(응지당 膺가슴응肉17 祉복지示9 堂집당土11)
복을 가슴으로 받는 집으로 강녕전 서북쪽 건물로 연길
당과 짝을 이루고 있다. 천자 임금는 사방으로 에워쌓여 있
어야 하는 것임을 상징성으로 보여주고 있다. 조선은 큰나라와 싸우기 싫어서 제후국을 자
청했지만 마음만은 황제국을 표현하였다.

安至門(안지문 安편안할안宀6 至이를지至6 門문문
門8) 편안함에 이르는 문으로 강녕전 남측 행각 동쪽에 있
는 문이다. 향오문 동쪽의 작은 문이다. 조선시대 일반 관
리인원들이 이동하던 문이다.

淸心堂(청심당 淸맑을청 水11 心마음심 心4 堂집당 土11) 맑은 마음의 집으로 강녕전 남측 행각 향오문과 안지문 중간에 있는 마루로 되어 있는 생활공간이다.

延昭堂(연소당 延끌연 廴7 昭밝을소 日9 堂집당 土11) 밝게 이끄는 집으로 강녕전 남측 행각 향오문 서측에 있는 행각 집이다. 임금님 심부름 하는 내시들이 사용하던 공간으로 보인다. 청심당과 연소당은 마루로 되어 있는 공간에 당이라는 이름표를 붙인 것은 임금의 내탕고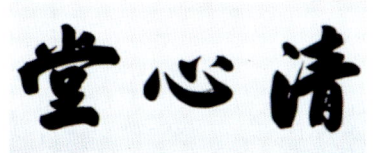이기 때문으로 보인다.

用敷門(용부문 用쓸용 用5 敷펼부 攴15 門문문 門8) 펴서 쓰는 문으로 강녕전 남측 행각 향오문 서쪽에 있다. 일반 관리인원들이 다니는 문이다.

建宜堂(건의당 建세울건 廴9 宜마땅할의 宀8 堂집당 土11) 마땅함을 세우는 집으로 강녕전 남측 행각 용부문 서측에 있는 건물이다. 내시들이 살았던 건물로 보인다. 서체는 변화된 것으로 멋부림 속체이다.

志道門(지도문 志뜻지 心7 道길도 辵13 門문문 門8) 뜻이 있으면 길이 생기는 문으로 강녕전 동측 행각 중간에 있다. 음식을 만드는 소주방으로 드나들던 문이다. 잘살고 있는 요즘은 먹는 것에 집착하지 않아도 되지만, 우리나라 근대 이전 시대에는 먹는 것이 최대의 가치를 갖는 것으로 보인다.

壽慶堂(수경당 壽목숨수土14 慶경사경心15 堂집당土11) 목숨(장수)이 경사받는 집으로 서경 홍범편 오복 중에 첫째가 장수이며 둘째가 부자이고 셋째가 강녕이라 한 것에서 따온 이름으로 보인다. 지도문 남쪽에 있으며 강녕전 동측 행각 남단에 있다.

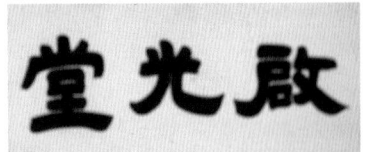
啓光堂(계광당 啓열계口11 光빛광儿6 堂집당土11) 햇빛이 열리는 문으로 강녕전 동측 행각 중간에 있는 건물이다. 지도문 남쪽에 있다.

興安堂(흥안당 興일어날흥臼16 安편안할안宀6 堂집당土11) 편안함이 일어나는 집으로 강녕전 동측 행각 북쪽에 있는 건물이다. 지도문 북쪽에 있다.

乃成門(내성문 乃이,곧내丿2 成이룰성戈7 門문문門8) 곧 이루는 문으로 경회루 이견문으로 바로 갈 수 있는 강녕전 서측 행각 북쪽에 있는 문이다.

萬壽無疆(만수무강 萬일만만艸13 壽목숨수土14 無없을무火12 疆지경강田19) 목숨이 지경 없이 많음으로 아무 탈 없이 오래오래 사는 삶을 말한다. 강녕전 굴뚝에 전각으로 새겨져 있는 글씨이다. 양의문 서쪽에 있으며 굴뚝 위에 연가를 설치하여 비바람에 보호 될 수 있도록 만들었다.

千世萬歲(천세만세 千일천천十3 世대세一5 萬일만만艸13 歲해세止13) 일천대와 만년을 살라고 불러주는 덕담조 염원이다. 길상문으로 조각되어 있는데 벽돌글씨체^{전각체}라 오래오래 살기를 기원하는 글귀이다. 교태전으로 들어가는 양의문 동측에 있다.

Ⅱ. 경복궁 현판으로 배우는 천자문 **143**

▲ 만수무강   ▲ 천세만세

　　강녕전 **御井**(어정 **御**임금어₄₁₁ **井**우물정₂₄) 임금님이 사용하는 우물로 강녕전 서측에 있다. 흠경각 앞에 있다. 팔각형 모서리를 가진 비 가림 흔적이 있어 전에는 비가 와도 맞지 않고 물을 퍼 올리게 되어 있던 것으로 보인다. 지하수가 말라서 요즘에는 없다. 교태전 함원전 뒤 우물과 함께 잘 보존 되어 있다. 강녕전 우물은 둘레돌 팔각형 모서리로 되어 있고, 팔괘의 상징을 두고 함원전 우물 둘레돌은 둥글게 되어 있다. ＊어정종류 참고(64쪽)

※ 외국이나 국내 유명 관광지에 가면 한글로 "만지지 마세요, 들어가지 마세요"라고 쓰여 있다고 아쉬워하고 분개 했었던 때가 있었다. 요즘 경복궁 일부에 세계 공통어인 영어는 없고 한글과 중국어로 쓰여 있다. 이유는 말썽부리는 그들을 통제하기 위한 것이라서 씁쓸하기도 하다. 우리도 선진국이라고 받을 수 있도록 문화의식이 높아져야 한다.

▶ 소주방 조감도 모습

▶ 외소주방 / 난지당 재현품 전시 모습

燒廚房(소주방 燒불사를소 火16 廚부엌주 广15 房방 방 戶8) 불로 익히는 부엌방으로 임금님의 음식을 만들던 곳이다. 3개 구역으로 나눠지는데 외소주방은 잔치나 고사음식을 만들고, 내소주방은 평상시 음식을 만들던 건물이며 생물방은 후식과 간식인 과일 그리고 별식인 떡과 죽 등을 만드는 곳이다. 燒酒(소주 燒火16 불사를소 酒酉10 술주) 곡류 발효주를 증류해서 만든 술이다. 消火器(소화기 消사라질소 水10 火불화 火4 器그릇기 口16) 불을 사라지게 하는 그릇이다. 불을 끄는 소화장비를 말한다. 경복궁 건물주변에 화재를 대비하여 많이 배치되어 있다.

福會堂(복회당 福복복 示14 會모일회 曰13 堂집당 土11) 복이 모이는 집으로 생물음식을 만드는 소주방이다. 예전이나 요즘에도 음식을 나눠먹는 것을 복이라 하였다. 2015년 2월에 복원한 소주방의 생물방이다. 생과방, 생것방이라고도 한다.

蘭芝堂(난지당 蘭난초난{란} 艸21 芝영지지 艸8 堂집당 土11) 난초와 영지의 집으로 귀한 재료로 임금님의 잔치 음식을 만드는 외소주방을 말한다.

2015년 2월에 복원한 외소주방 건물이다. 온돌만을 위한 함실아궁이가 대부분인데 소주방에만 부뚜막이 있는 부엌아궁이가 있다.

소주방 부엌아궁이 ▲

7. 交泰殿(교태전) 일곽

交泰殿(교태전 交사귈교 ⼗6 泰클태 水10 殿큰집전 殳13) 크게 사귀는 큰집으로 임금과 왕비가 후세인 왕자를 만들라는 건물 이름표이다. 음양사상에서 주역의 상전편에 나오는 글로 泰(태)괘에서 교태는 하늘과 땅이 사귀는 것이라 하였다. 쉽게 표현하면 왕과 왕비가 조화를 이루라는 의미이므로 자손번성을 상징으로 표현하였다. 직접 표현보다는 돌려서 격조있게 나타냈다. 크게 사귀어야 가정을 이룬다는 의미이기도 하다. 세종 때 건립되어 임진왜란 때 불타 버린 것을 고종 때 중건하였다가 일제의 조선

▶ 교태전 양의문 모습

강점기 시절에 창덕궁 대조전이 불나자 조선총독부가 그것을 복구하고자 강녕전을 헐어다가 지은 건물이 지금의 대조전이다. 현재건물은 1995년에 복원한 것이다.

兩儀門(양의문 兩두량(양)八8 儀거동의人15 門문문門8) 조화를 이루는 두 분이 거동하는 문으로 근정문이나 사정문이라 하지 않고 새로운 이름으로 지어준 이름이다. 양은 하늘과 땅, 음과 양, 남자와 여자를 의미하기도 한다. 교태전 정문으로 중심문은 무거운 대문이면서 가벼운 네 짝문으로 왕비관련 상궁들이 편하게 드나들게 하였다. 양자 서체는 세로획 하나를 속체이므로 생략한 것이다.

元吉軒(원길헌 元으뜸원儿4 吉길할길口6 軒추녀헌車10) 으뜸으로 길한 집으로 교태전에 동쪽으로 연결된 동측 소침을 말한다. 동쪽으로 한 단계 낮게 연결된 건물이다.

含弘閣(함홍각 含머금을함口7 弘클홍弓5 閣문설주각門14) 큰 것을 머금은 집으로 교태전 서측으로 연결된 소침이다. 교태전에서 마루로 서쪽으로 한단계 낮게 연결되어 드나들게 하여 이용한 건물이다.

萬通門(만통문 萬일만, 많은만艸13 通 통할통辵11 門문문門8) 많은 것이 통하여 이루어지는 문으로 교태전 동측에 연결된 행각사이에 난 문이다. 소주방으로 연결되어 심부름하는 나인들이 많이 다니던 문이며 음식물을 많이 나르던 작은문으로 보인다.

財成門(재성문 財재물재貝10 成이룰성戈7 門문문門8) 재물이 이루어지는 문으로 교태전 서측 행각에 붙어 있는 문이다. 계획하여 이루는 의미이며 성成자는 오행에서 서쪽을 말한다. 동쪽문인 만통문과 짝을 이루는 문이다.

咸亨門(함형문 咸다함口9 亨형통할형亠7 門문문門8) 모두 형통하는 문으로 함원전에서 아미산 굴뚝으로 들어가는 문이다. 만물이 모두 형통하다는 의미이기도 하다. 교태전 후면 건순각으로 들어가려면 이문을 통과해야 한다.

元祉門(원지문 元으뜸원儿4 祉복지示9 門문문門8) 으뜸으로 복을 받는 문으로 교태전 후면 건순문의 북쪽문이다. 아미산으로 갈 수 있다.

延暉門(연휘문 延끌연廴7 暉빛휘日13 門문문門8) 빛을 이끄는 문으로 밝은 빛을 맞이하는 문이다. 교태전 후면 건순각 동쪽 문으로 붉은 벽돌로 홍예를 만든 문이다. 동쪽 빛문으로 暉휘라 하고 아름답게 꾸민 것으로 보인다.

體仁堂(체인당 體몸체骨23 仁어질인亻4 堂집당土11) 몸이 어진 집으로 교태전 동측 행각 만통문 남쪽에 있는 집이다. 상궁들이 사는 집으로 보인다. 식당 개념인 소주방으로 심부름하기 좋은 공간이기도 하다.

承順堂(승순당 承받들승 手8 順순할 순 頁12 堂집당 土11) 순조로움을 받드는 집으로 심부름 잘하는 상궁이 사는 집이로 보인다. 교태전 남측의 동쪽에 있는 집이다. 방으로 불러도 되는 공간이다.

輔宜堂(보의당 輔도울보 車14 宜마땅할의 宀8 堂집당 土11) 마땅히 도우는 방(집)으로 교태전 남측 향오문 서쪽에 있는 집이다. 상궁들이 심부름하며 살아가도록 지어준 이름이다.

輔宣堂(보선당 輔도울보 車14 宣베풀선 宀9 堂집당 土11) 베풀고 도우는 방(집)으로 궁궐지나 북궐도에는 보의당으로 나오나 현재 이름표는 보선당을 달고 있다. 서로 비슷한 의미의 이름이다. 보고 쓸 때 착오하기 쉬운 글자이다. 비교하여 배우는 가치도 있다.

舍元殿(함원전 舍머금을함 口7 元으뜸원 儿4 殿큰집전 殳13) 으뜸을 머금은 큰집으로 원기를 간직하는 집이며 교태전 서측에 있는 건물이다. 세종 때 처음 지어졌고, 임진왜란 때 불탄 것을 대원군 시기에 복원하였다. 교태전과 같이 창덕궁 대조전 일원 복원시에 헐린 것을 1995년에 교태전과 같이 복원된 건물이다. 세종때 절집인 내불당으로 사용한 곳이기도 하다.

▶ 교태전 함원전

▶ 함원정 어정

乃順堂(내순당 **乃**곧,너**내**﹜₂ **順** 순할 **순**頁12 **堂** 집 **당**土11) 곧 순조로운방(집)으로 상궁들이 살기 좋은 집이라는 뜻으로 지어준 이름이다. 순종하여 하늘을 받든다는 의미가 있다. 교태전 서측 행각 남쪽에 있는 방이다. 행각에 붙어 있는 **堂**당이름은 실제 활용측면에서 보자면 방으로 보는 것이 더 타당하다고 볼 수 있다. 내시나 상궁들이 사는 집 이름이지만 헌이나 재라고 지어 주기 보다는 그래도 조금 높게 붙여준 것이다.

欽敬閣(흠경각 **欽**공경할**흠**攵12 **敬**공경할**경**攵13 **閣**문설주**각**門14) 공경하고 공경하는 집으로 백성들에게 시간을 알려주던 공간이다. 교태전 서측 함원전 남쪽에 있는 건물이다. 세종때 장영실이 새로 만든

▶ 교태전 흠경각

해시계인 앙부일구, 물시계인 옥루기륜, 천체관측기구인 간의대를 설치한 곳으로 과학기자재를 조선이 자체적으로 만들었던 과학연구소이다. 교태전과 같이 1995년에 복원되었다.

善長門(선장문 善착할선ㅁ12 長길장長8 門 문문門8) 착함이 긴 문으로 함원전 후면에서 아미산으로 갈 수 있는 문이다. 교태전으로 들어가서 아미산에 갈 수 없어 만든 문으로 함원전 뒤에 있는 우물에서 일하던 상궁들이 업무상 드나들던 문으로 보인다.

大哉門(대재문 大큰대大3 哉처음재ㅁ9 門 문문門8) 처음으로 큰문으로 위대한 문이라는 의미이다. 함원전 서측 행각 중앙에 있는 조그마한 문이다.

▶ 함원전 뒤 선장문 – 함원전 굴뚝으로 3개이다. 교태전과 다르게 단순하게 만들었다.

▶ 교태전 아미산 굴뚝

아미산峨嵋山굴뚝(아미산 峨높을아山10 嵋산이름미山12 山뫼산山3) 자경전 굴뚝과 함께 가치를 인정받아 보물 811호로 지정된 아름다운 굴뚝이다. 중국의 명산 아미산의 이름을 차용하여 경회루 공사시 나온 흙으로 만든 상징성을 지닌 정원같은 산이다. 교태전의 아궁이 연돌과 조화시켜 4단 사계절 화단을 만들어 왕비에게 자연의 멋을 선사하고 있다.

健順閣(건순각 健튼튼할건人11 順순할순頁12 閣집각門14) 건강하고 순응하는 집으로 왕비가 왕자를 낳는 집으로 산실청으로 이용하기도 하였다. 교태전 동북쪽에 있는 건물로 풍수적으로 백두산에서 내려와 백두대간과 한북정맥에서 북악산에서 멈춰 내려와 건순각에 혈자리가 뭉쳐 있다고 하는 자리이기도 하다. 실록에 태어난 임금 기록이 없다.

門順健

健順門(건순문 健튼튼할건 人11 順순할순 頁12 門문문 門8) 건강하고 순조로운 문이라는 의미로 건순각으로 들어가는 문이다. 건순각 북쪽에 있는 문으로 자경전으로 다닐 수 있는 문이다.

潭霞落

落霞潭(낙하담 落떨어질낙(락) 艸13 霞노을하 雨17 潭못담 水15) 저녁노을이 떨어진 내려앉은 연못으로 자연을 그대로 가져온 공간이다. 굴뚝과 같이 어울려 조화를 이루고 있다.

池月涵

涵月池(함월지 涵젖을함 水11 月달월 月4 池못지 水6) 달이 젖은 못으로 조그마한 돌함을 커다란 연못이라고 여유를 가지고 보는 아미산이다. 후원의 공간으로 낙화담과 함께 좌우에 각각 하나씩 배치되어 서로 어울려 아름다운 공간을 만들어 주고 있다.

✱ 아미산 굴뚝 76쪽 참고

▶ 교태전 낙하담

▶ 교태전 함월지

資善堂(자선당 **資**재물자貝13 **善**착할, 잘할선ㅁ12 **堂**집당土11) 재물이 잘 쌓이는 집으로 동궁의 자선당과 동일하게 이름이 지어졌다. 흠경각 서쪽 행각에 붙어 있다. 부속건물이 당으로 건물 서열로 보면 이상하게 높지만 필요에 의하여 지어준 이름이다. 글자색으로 구분하면 가장 높은 황금색과 중간의 흰색 그리고 낮은단계의 검정색 글씨가 있다. 건물명칭과 현판글자 색깔로 구분할 수도 있다. 관리자가 실수로 동일하게 지은 것으로 보인다. 북궐도형에는 **資安堂**(자안당 **安**편안할 안宀6)으로 나오고 동궁의 자선당 이름과 겹쳐서 걸려있다.

隆化堂(융화당 **隆**융성할융{륭}阜12 **化**될화匕4 **堂**집당土11) 융성하게 되는 집으로 함원전 서쪽에 있는 행각의 이름이다. 동궐도에는 **隆和堂**(융화당 **和**화할화ㅁ8)으로 나온다. 융성하게 조화되는 집으로, 읽히는 발음은 같으나 한자가 다르기 때문에 원래대로 의미 또한 다르다.

8. 泰元殿(태원전) 일곽

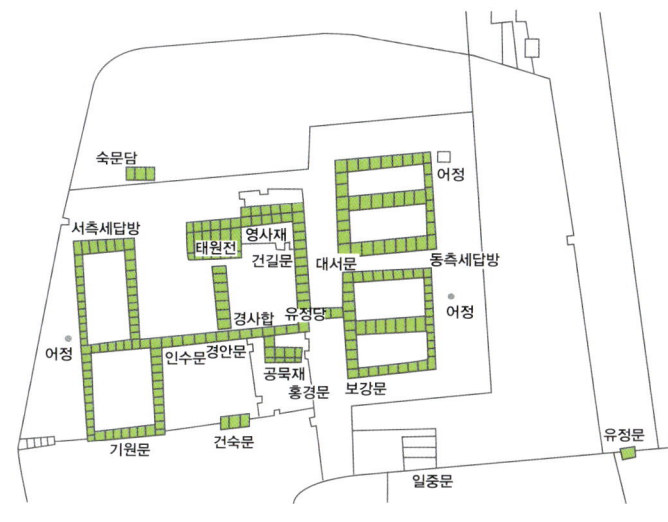

泰元殿(태원전 泰클태
水10 元으뜸원ㄦ4 殿큰집전
호13) 으뜸으로 큰집으로 하
늘의 뜻이 있는 집이기도 하
다. 경복궁 서북쪽 모서리
에 있는 건물로 왕이나 왕
비의 빈전이다. 장례를 치
루기 전까지의 시신을 모시
는 공간이다. 고종 5년 1868년
에 처음 만든 공간이다. 조

선왕조 시조 태조 이성계 초상과 중시조 원종 인조 아버지
의 초상을 모셨었다. 태원전 일대는 일제시대에 훼손
한 것을 2005년에 복원한 건물이다. 헌종의 아버지인
추존왕 익종비 신정왕후 조씨 조대비 국상과 고종황제비

명성황후 국상시 빈전 건물로 사용하였다. 시조 태조 어진을 모신다면 전주에 못가는 답사객들을 위하여 왕조의 시조를 볼 수 있는 기회가 되며, 지금은 전북 전주의 경기전에만 모셔져 있다.

建肅門(건숙문 建세울건 ㅊ9 肅엄숙할숙 聿12 門문 문門8) 엄숙함을 세우는 문으로 태원전 첫번째 정문이다. 태원전 정문의 이름으로 적격이다. 돌아가신 임금이나 왕비를 모시는 공간 정문은 엄숙해야 하기 때문이다.

景安門(경안문 景볕경 日12 安편안할안 宀6 門문 문門8) 볕크계이 편안한 문으로 태원전으로 들어가는 두번째 정문이다.

仁壽門(인수문 仁어질인 人4 壽목숨수 士14 門문문 門8) 어질고 장수하는 사람이 다니는 문으로 태원전 정문 경안문 서측에 있다.

永思齋(영사재 永길영 水5 思생각할 사 心9 齋재계할 재 齋17) 길게 생각하면서 재계하는 집으로 돌아가신 분을 오래도록 마음에 새기는 곳이다. 태원전 동쪽에 있다. 의례용품을 관리했던 건물이다.

恭默齋(공묵재 恭공손할공 心10 默묵묵할 묵 黑16 齋재계할재 齋17) 공손히 묵묵하게 재계하는 집으로 영사재와 비슷하게 태원전에 재를 지내기 전에 옷을 입고 대기 하는 곳이다.

肅聞堂(숙문당 肅엄숙할숙 聿12 聞들을 문 耳14 堂집당 土11) 엄숙하게 듣는 집으로 태원전 후면 서북쪽에 있는 3칸 집이다.

綺元門(기원문 綺비단기 糸14 元으뜸원 儿4 門문문 門8) 으뜸인 비단문으로 태원전 정문 건숙문 서측에 있으며 서세탑방 남쪽문이기도 하다. 일하는 나인들이 드나들던 문이다.

▶ 백악산과 해가 중앙에 있는 일중문

日中門(일중문 日해일ᅠ日4 中가운데중ᅠㅣ4 門문문ᅠ門8) 해가 가운데 있는 문으로 정오를 가르키는 문이다. 대한민국 사적명승 10호로 지정된 백악산(북악산)이 문안으로 들어 와 풍수에서 말하는 기운을 받는 문을 말하기도 한다. 태원전 동쪽 언덕 위에 있다. 신무문이나 장고 쪽에서 태원전으로 들어 갈 수 있는 문이다.

弘景門(홍경문 弘클홍ᅠ弓5 景볕경ᅠ日12 門문문ᅠ門8) 볕이 넓은 문으로 공묵재로 들어가는 문이다.

戴瑞門(대서문 戴받들대ᅠ戈18 瑞상서로울서ᅠ玉13 門문문ᅠ門8) 상서로움을 받드는 문으로 태원전의 동쪽에 있는 영사재로 들어가는 문이다.

保康門(보강문) 保지킬보ᅠ人9 康편안할강ᅠ广11 門문문ᅠ門8 편안함을 지키는 문이다. 홍경문과 일중문 사이에 있는 문이다.

建吉門(건길문 建세울건ᅠ廴9 吉길할길ᅠ口6 門문문ᅠ門8) 길함을 세우는 문으로 영사재로 들어가는 문이다. 吉길자 서체는 士사에서 土토로 쓰여진 것은 글씨 쓰는 멋 부리는 한 방법이다.

敬思閤(경사합 敬공경할경ᅠ攴13 思생각할사ᅠ心9 閤쪽문합ᅠ門14) 생각하면서 공경하는 집으로 태원전 남쪽의 행각의 방이다.

▶ 태원전 동남 세답방

▶ 세답방 동북어정 사각 우물은 빨래터이다.

洗踏房(세답방 洗 씻을 세 水9 踏 밟을 답 足15 房 방 방 戶8) 밟아 씻는 방으로 궁궐에서 행사후에 빨래들을 모아 세탁하는 공간을 말한다. 나인들이 살던 방으로 작은 방과 창고로 되어 있다. 지형의 낮은 곳에 위치하여 우물의 물이 풍부하던 공간으로 보인다. 태원전에는 3개의 우물이 있다.

維亨門(유형문 維 맬 유 糸14 亨 형통할 형 亠7 門 문 문 門8) 형통함을 매는 문으로 신무문에서 경회루로 가는 문이다. 지금은 관람동선에서 벗어나 잠겨있어 다닐 수 없다.

維正堂(유정당 維 맬 유 糸14 正 바를 정 止5 堂 집 당 土11) 바름을 매는 집으로 태원전 동쪽행각에 있으며 글씨체가 초서에 가깝다.

9. 乾淸宮(건청궁) 지역

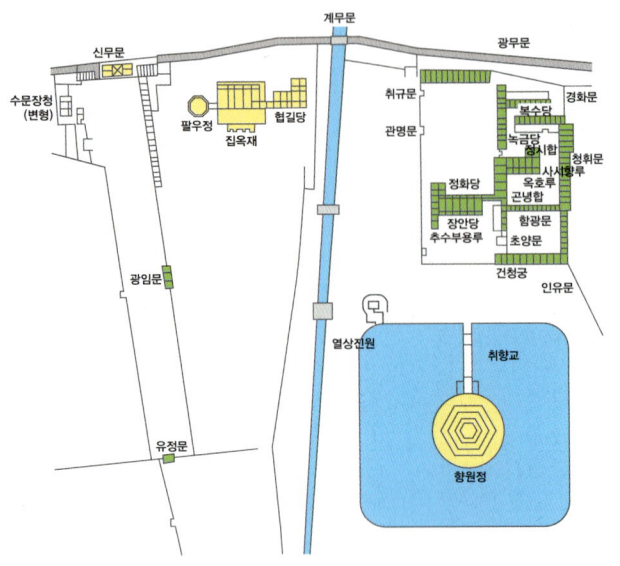

乾淸宮(건청궁 乾하늘건乙11 淸 맑을청水11 宮집궁宀10) 맑은 하늘이 사는 집으로 임금님이 거처하는 궁이다. 고종이 친정할 때 지은 건물로 10여 년 살다가 명성황후가 일제 암살단에게 시해당하여 돌아가시자 고종황제가 아관파천으로 빈공간을 일본인들이 훼철한 것을 2006년도에 중건한 건물이다. 단청을 하지 않아 처음에는 나무 색이 운치 있었으나 햇볕에 의한 빛바램으로 일부가 퇴색되어 가고 있어 아쉽다. 이름이 멋있어 중국 자금성내에도 건청궁이 있다.

▶ 건청궁 정문

▶ 건청궁 장안당과 추수부용루

▶ 건청궁 초양문과 추수부용루

長安堂(장안당 長길장長8 安편안할안宀6 堂집당土11) 길게 편안한 집으로 고종황제가 살던 집이다. 고종의 친필로 어필이라 써 있고 낙관도 주연지보와 만기지가라는 두 개를 사용하였다.

坤寧閤(곤녕합 坤땅곤土8 寧편안할녕{영}宀14 閤쪽문합門14) 땅이 편안할 집으로 명성황후가 살던 집이다. 왕비가 땅坤곤이고 왕은 하늘乾건을 의미한다. 왕비가 편안하기를 바라고 지은 이름이다. 결국 이름같이 편안하지 못하고 을미사변으로 아관파천을 단행하여 10여 년을 살았다.

秋水芙蓉樓(추수부용루 秋가을추禾9 水물수水4 芙부용부艸8 蓉연꽃용艸14 樓다락루{누}木15) 가을 물속의 연꽃같은 다락집으로 임금님이 활용하던 장안당과 서쪽으로 붙어있는 건물이다. 다섯 글자로 이름짓는 것은 드문 경우이다.

初陽門(초양문 初처음초刀7 陽볕양阜12 門문문門8) 처음으로 볕을 받는 문이다. 건청궁을 들어가면서 서쪽에 있는 문으로 장안당으로 들어가는 문이다.

彌成門(필성문 彌도울필弓12 成이룰성戈7 門문문門8) 도와서 이루어지는 문이며 집옥재에서 장안당 서쪽으로 들어오는 무지개 문이다.

玉壺樓(옥호루 玉옥옥±5 壺병호±12 樓 다락 루(누)木15) 옥으로 병을 만든 다락집으로 곤녕합과 연결되어 있다. 아래층에는 아궁이로 2층에는 누각으로 만들어준 건물이다. 명성황후가 시해된 장소이며 1895년 그 사건을 을미사변이라 한다.

▶ 건청궁 옥루호와 함광문

四時香樓(사시향루 四넉사ㅁ5 時때시日10 香향기향香9 樓다락루{누}木15) 사계절 향기 나는 다락집으로 옥호루 동측 현판이다. 옥호루와 사시향루 두 개의 현판으로 고상하게 붙여준 이름이다.

含光門(함광문 含머금을함ㅁ7 光빛광儿6 門문문門8) 빛을 머금는 문으로 곤녕합 남행각 중앙에 있는 문으로 왕비 침전으로 들어가는 문이다.

正始閤(정시합 正바를정止5 始처음시女8 閤쪽문합門14) 처음으로 바른 집으로 곤녕합의 북쪽으로 붙어 있는 건물이다.

正化堂(정화당 正바를정止5 化될화匕4 堂집당土11) 바르게 되는 집으로 장안당 북쪽으로 연결된 건물이다. 추수부용루는 앞으로 나와 있고, 정화당은 뒤로 붙어 있다.

淸輝門(청휘문 淸맑을청水11 輝빛날휘車15 門문문) 맑게 빛나는 문으로 곤녕합 동쪽행각 중앙에서 녹산으로 나가는 문이다. 이 문앞에는 일본에서 훼손된 동궁의 자선당 유구가 제자리로 가지 못하고 전시되어 있다.

綠琴堂(녹금당 綠푸를녹{록}糸14 琴거문고금玉12 堂집당土11) 푸른 거문고 집으로 곤녕합 북쪽 행각에 있는 건물이다. 상궁이 살았던 건물로 보인다.

福綏堂(복수당 福복복⊙14 綏편안할수糸13 堂집당
土11) 복을 편안하게 받는 집으로 곤녕합 북행각 북쪽
안쪽에 있는 건물이다.

麟遊門(인유문 麟기린인{린}鹿23 遊놀 유辶13 門문문)
문) 기린이 노는 문으로 건청궁 들어가기 전 오른쪽에
있다. 녹산과 자선당 유구로 들어가는 문이다.

觀明門(관명문 觀볼관見25 明밝을명日8 門문문) 밝
음을 보는 문으로 장안당 북쪽 서쪽담에 취규문과 붙
어 있다.

聚奎門(취규문 聚모일취耳14 奎별이름규大9 門문
문門8) 별이 모이는 문으로 관명문 북쪽에 있다.

瓊華門(경화문 瓊구슬경玉19 華빛날 화艸12 門문문
門8) 구슬이 빛나는 문으로 녹산으로 드나들던 복수당
동북쪽에 있는 문이다. 청휘문으로 들어가 자선당 유
구를 본 후 북쪽으로 조금 더 가면 현판이 보인다. 상궁들이 녹산으로 다닐 때 쓰는 문으로
보인다. 명성황후 시해시 자객들이 이문으로 들어갔다고 한다.

協吉堂(협길당 協맞을협+8 吉길할길口6 堂집당
土11) 길함을 맞이하는 집으로 집옥재 동쪽으로 붙어
있는 건물이다. 복도로 연결되어 이동할 수 있도록
되어 있다. 현판 土는 士인데 속체로 쓴것이다. 시험에서는 틀린 것으로 채점한다.

▶ 집옥재 전경모습과 현판 – 현판을 부시의 원형인 비단실로
새들이 앉지 못하도록 덮어 씌었다.

集玉齋(집옥재 集모일집崔12 玉옥옥玉5 齋재
계할재齋17) 옥이 모이고 재계하는 집으로 실용적
청나라 풍의 건물 형태이다. 도서관으로 활용하였
으며 八隅亭팔우정 여덟팔 모퉁이우 정자정과 연결된 건물
이다.

廣臨門(광림문 廣넓을광广15 臨임할림臣17 門문문門8)
넓게 임하는 문으로 집옥재와 건청궁에서 신무문으로 이동하는 문이다.

神武門(신무문 神귀신신示10 武군셀무止8 門문문門8)
군센 귀신이 있는 문으로 귀신같은 무용을 의미하며 경복궁 북쪽 대문이다. 무가 북쪽을 의미하기도 하며, 중국 북경 자금성 북문도 신무문이다. 같은 유교 문화권으로 동양사상이 비슷하여 이름이 비슷하다. 지금은 외국 것을 베낄 때에는 일부러 조금씩 바꾸기도 한다. 현재 현판글씨는 무관이며 경복궁 중건시 영건제조인 이현직이 썼으며 명성황후 시해 사건시 맨 몸으로 막아서다가 자객들에게 팔이 잘려지면서 죽은 군인이다.

▶ 신무문(경복궁 북쪽 대문)

廣武門(광무문 廣넓을광 广15 武굳셀무 止8 門문 문) 굳세고 넓은 문으로 신무문 동측에 계무문 옆에 있다. 전서체로 武라는 글씨 형태가 계무문과 다르다.

香遠亭(향원정 香향기향 香9 遠멀원 辵14 亭정자 정 亠9) 향기가 멀리가는 정자로 네모난 향원지의 둥근섬에 6각형의 정자이다. 현판은 고종황제의 어필이다. 가치를 인정받아 보물 제 1,761호로 지정되었다.

▶ 여름날의 향원정

癸武門(계무문 癸열째천간, 북쪽계₍癶9₎ 武 굳셀 무₍止8₎ 門문문) 북쪽의 굳센 문이다. 소전체로 쓰여 있는 글씨로 계자는 창을 들고 있는 형태이며 24방위에서 북쪽이다. 광무문과 같이 신무문으로 나가 동쪽으로 50미터 떨어져 있다.

醉香橋(취향교 醉취할취₍酉15₎ 香향기향₍香9₎ 橋다리교₍木16₎) 향기에 취한 다리로 건청궁에서 향원정으로 다니도록 놓은 나무다리이다. 6.25전쟁시 파괴된 것을 건청궁이 헐려 없어진 훼손된 상태였기에 1953년도에 남쪽으로 옮겨세워 현재까지 유지하고 있다. 건청궁이 복원되었으므로 원래대로 다리를 제 위치로 놓을 것이다.

▶ **취향교와 장고**(오른쪽)

전기 발상지 표지석 ▲

　대한제국 시절의 문명의 빛이었던 전기를 발전하였던 곳의 표지석. 현재는 향원정 북서쪽에 위치하고 있다. 발전소가 위치한 곳은 향원정 동남쪽으로 발굴결과 나타났다. 아시아에서의 처음으로 만든 시설이므로 가치가 있어 복원하여 후세에게 알려 줄 필요가 있다.

열상진원과 "ㄱ"자로 꺾어 돌아나가는 돌확 ▲

洌上眞源(열상진원 洌맑을렬{열}水9 上처음, 위상-3 眞참진目10 源근원원水13) 처음 맑은 물의 참 근원으로 한강 시발점임을 상징적으로 표현한 것이다. 임금이 사는 곳이 기준이라는 의미이다. 전서체로 음각한 글씨이다. 경복궁 창건때부터 있었다고 하는 향원지의 수원이다. 화강암으로 만든 판석아래 장대석 구멍으로 물이 흘러 둥근 돌바가지(돌확)에 머물다가 속도를 늦춰 ㄱ자 방향으로 꺽이어 향원지로 물결이 생기지 않도록 조용히 흘러간다.

▶ 소주방에서 바라본 국립민속박물관

國立民俗博物館(국립민속박물관 國나라국口11 立설립立5 民백성민氏5 俗풍속속人9 博넓을박十12 物만물물牛8 館관청관食17) 나라에서 세운 풍속을 넓게 만물을 모아 놓은 관청으로 우리나라 풍속과 관련된 내용들을 전시하고 있다. 처음 지을때는 국립중앙박물관으로 개관하였다.

　1968년 1월 공모를 통하여 완공한 우리나라의 가장 자랑스러운 것들로 설계된 조합건물이다. 불국사의 청운교와 백운교 그리고 법주사의 나무목탑인 5층 팔상전, 화엄사의 3층 각황전, 금산사의 2층 미륵전 등 9개들을 벤치마킹^{본뜬} 한 것이 당선되어 그곳에 있던 경안당 등을 헐고 지은 박물관이다. 나라가 성장하고 경복궁이 복원되면서 궁과 조화되지 못한 건물로 다른 지역으로 옮길 계획이라 한다. 봄날 자경전쪽 길가에서 찍은 사진이다.

건청궁 坤寧閤(곤녕합) 주련

陌上堯樽傾北斗(맥상요준경북두) 陌밭두둑맥阝9 上위상一3 堯요임금요土12 樽술통, 술단지준木16 傾기울경亻13 北북녘북匕5 斗말두斗4

밭두둑 위 요임금 술단지는 북두로 기울게 하고,

樓前舜樂動南薰(누전순악동남훈) 樓다락집누木15 前앞전刂9 舜순임금순舛12 樂풍류악木15 動움직일동力11 南남녘남十9 薰향기훈艹18

다락집 앞 순임금 풍류는 남녘 향기를 움직이네.

天門日射黃金榜(천문일사황금방) 天하늘천$_{大4}$ 門문문$_{門8}$ 日해, 햇볕일$_{日4}$ 射비출사$_{寸10}$ 黃누를황$_{黃12}$ 金쇠금$_{金8}$ 榜방방$_{木14}$

하늘문에 햇볕이 황금방을 비추고,

春殿晴曛赤羽旗(춘전청훈적우기) 春봄춘$_{日9}$ 殿큰집, 대궐전$_{殳13}$ 晴갤, 비가 그칠청$_{日12}$ 曛석양빛훈$_{日18}$ 赤붉을적$_{赤7}$ 羽깃우$_{羽6}$ 旗깃발기$_{方14}$

봄 대궐이 비 그친 석양빛에 붉은 깃발이네.

雙闕瑞煙籠菡萏(쌍궐서연농함담) 雙쌍쌍$_{隹18}$ 闕대궐궐$_{門18}$ 瑞상서서$_{玉13}$ 煙연기연$_{火13}$ 籠대그릇, 젖을농(롱)$_{竹22}$ 菡연꽃함$_{艹12}$ 萏연꽃봉우리담$_{艹12}$

쌍대궐의 상서로운 연기는 연꽃봉우리를 젖게 하고,

九城初日照蓬萊(구성초일조봉래) 九아홉구 乙2 城성성 土10 初처음초 刀7 日해일 日4 照비출조 ....13 蓬쑥봉 艹15 萊명아주래{내} 艹12
아홉개 성의 처음 해는 봉래(신선이 사는 곳)를 비추네.

壁簫雙引鸞聲細(벽소쌍인란성세) 壁바람벽벽 土16 簫퉁소소 艹17 雙쌍쌍 隹18 引끌인 弓4 鸞난새란{난} 鳥30 聲소리성 耳17 細가늘세 糸11
바람벽 퉁소 쌍으로 켜고 끌어들이니 난새소리 가늘고,

綵扇平分雉尾齊(채선평분치미제) 綵비단채 糸14 扇부채선 戶10 平평평할평 干5 分나눌분 刀4 雉꿩치 隹13 尾꼬리미 尸7 齊가지런할제 齊14
비단 부채를 평평하게 나누니 꿩꼬리가 가지런하다.

集玉齋(집옥재) 주련

灑潤含膏雲氣多壽(쇄윤함고운기다수) 灑뿌릴쇄氵22 潤젖을, 윤택할윤氵15 含머금을함口7 膏살찔고月14 雲구름운雨12 氣기운기气10 多많을다夕6 壽목숨수士14
뿌려 머금어 윤택하고 살찌니 구름 기운은 목숨을 많게 해주고.

稱物納照鏡心彌光(칭물납조경심미광) 稱일컬을칭禾14 物만물물牛8 納바칠, 들일납糸10 照비출조灬13 鏡거울경金19 心마음심忄4 彌두루미弓17 光빛광儿6
만물을 일컬어 들여 비추니 거울 마음이 두루 빛난다.

玉樹凌霄雲煙煥采(옥수능소운연환채) 玉옥옥玉5 樹나무수木16 凌달릴, 오를릉冫11 霄하늘소雨15 雲구름운雨12 煙연기, 안개연火13 煥불꽃, 빛날환火13 采캘, 벼슬채采8
옥나무가 하늘에 오르니 안개구름이 벼슬에 빛나고,

寶花留研筆墨生香(보화류연필묵생향) 寶보배보ㅗ20 花꽃화ㅗ8 留머무를류{유}田10
研갈, 벼루연石11 筆붓필竹12 墨먹묵土15 生날생生5 香향기향香9
보배꽃이 벼루에 머무르니 붓과 먹에 향기가 난다.

西山朝來致有爽氣(서산조래치유상기) 西서녘서襾6 山뫼산山3 朝아침조月12 來올래
{내}人8 致보낼, 이룰치至10 有있을유月6 爽시원할상爻11 氣기운기气10
서산에 아침이 오니 시원한 기운을 이루며,

太華夜碧人聞淸鐘(태화야벽인문청종) 太클태大4 華빛날화ㅗ12 夜밤야夕8 碧푸를벽
石14 人사람인人2 聞들을문耳14 淸맑을청氵11 鐘종종金20
태화산에 푸른밤이 되니 사람은 맑은 종소리를 듣는다.

▶ 집옥재는 임금님의 특별 도서관

香遠亭(향원정) 주련

玉池龍躍舞(옥지용약무) 玉 옥 옥 玉5
池 연못 지 氵6 龍 용 룡 龍16 躍 뛸 약 足21
舞 춤출 무 舛14

옥 연못에 용이 뛰며 춤춘다.

千山華月迥(천산화월형) 千 일천, 많은 천 十3 山 뫼 산 山3 華 빛날 화 艹12
月 달 월 月4 迥 멀 형 辶10

많은 산에는 멀리까지 달이 빛나고,

萬里衆星明(만리중성명) 萬 일만, 많은 만 艹13 里 마을 리 里7 衆 무리 중 血12 星 별 성 日9 明 밝을 명 日8

많은 마을에는 무리별이 밝다.

崑閬雲霞積(곤랑운하적) 崑산이름곤山11 閬솟을대문랑{낭}門15 雲구름운雨12 霞노을하雨17 積쌓을적禾16
곤륜산 솟을 대문에는 구름노을 쌓이고,

蓬壺日月長(봉호일월장) 蓬쑥봉艹15 壺병호士12 日해일日4 月달월月4 長길장長8
봉호(신선이 사는 봉래산)에는 해와 달이 길다.

▶ 신선이 사는 모습으로 표현한 향원정과 진달래

명승 백악산과 근정전

10. 咸和堂(함화당) 일곽

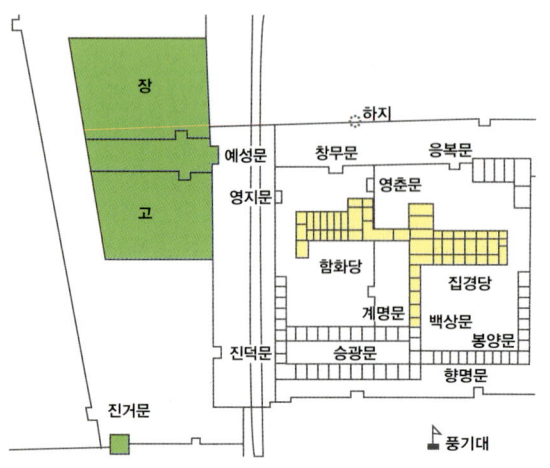

咸和堂(함화당 咸다함㋃9 和화할 화㋃8 堂집당㊏11) 화합이 다 되는 집으로 향원정 향원지 남서쪽에 있다. 교태전 북쪽이며 철거된 건물인 흥복전 북쪽이다.

함화당과 집경당 그리고 진달래와 음수대(물마시는 시설물) ▲

▶ 함화당

嚮明門(향명문 嚮향할, 누릴**향**口19 明밝을**명**日8 門 문**문**門8) 밝음을 누리는 문으로 집경당 남행각 중앙으로 들어가는 문이다

鳳陽門(봉양문 鳳봉새**봉**鳥14 陽볕**양**阜12 門 문**문**門8) 볕을 받은 봉황새가 다니는 문이다. 현재 동쪽에서 집경당으로 드나들던 일자문이다.

啓明門(계명문 啓열**계**口11 明밝을**명**日8 門문**문**門8) 밝음을 여는 문으로 황토 벽돌 무지개문으로 함화당과 집경당 사이의 담장에 있는 문이다.

緝敬堂(집경당 緝낳을집糸15 敬 공경할경攴13 堂집당土11) 공경함을 낳는 집으로 향원정 남쪽에 있다. 함화당과 같이 연결되어 있고 일제시대 총독부 관리소로 사용하였기에 팔려나가지 않고 함화당과 함께 유지하고 있다.

承光門(승광문 承받들승手8 光빛광儿6 門문문門8) 빛을 받드는 문으로 함화당 남측 행각 중앙에 있는 문이다.

迎祉門(영지문 迎맞이할영辵8 祉복지示9 門문문門8) 복을 맞이하는 문으로 함화당 서북쪽에 있는 장고로 드나들게 만든 문이다.

▶ 집경당

彰武門(창무문 彰밝을창 彡14 武굳셀무 止8 門문문 門8) 굳세고 밝은 문으로 함화당 후면 중앙에 있는 문이다. 향원정으로 직접 나갈 수 있다.

荷池(하지 荷연하 艸11 池못지 水6) 연꽃이 핀 못으로 함하당 북쪽 창무문으로 나가면 화단에 돌로 만들어진 화분 남쪽면에 새겨져 있다. 조그만한 화분이름을 일 년내내 연꽃이 피어있는 못으로 지어준 것이다.

迎春門(영춘문 迎맞이할영 辶8 春봄춘 日9 門문문 門8) 봄을 맞이하는 문으로 함화당 북쪽과 집경당 북쪽 사이에 있는 문이다. 황토 벽돌로 구워 만든 무지개 문이다.

應福門(응복문 應응할, 화답할응 心17 福복복 示14 門문문 門8) 복으로 화답하는 문이다. 집경당 북쪽문으로 향원정으로 나갈 수 있다.

百祥門(백상문 百일백백 白6 祥상서로울상 示11 門문문 門8) 백 가지 상서로운 일이 생기는 문이다. 집경당과 함화당 사이에 있는 행각문이다.

進德門(진덕문 進나아갈진 辶12 德덕덕 彳15 門문문 門8) 덕으로 나아가는 문이다. 함화당 남행각 서측에 있다.

▲ 금줄을 설치한 예성문

門成禮

禮成門(예성문 禮예도예{례}ㅊ18 成이룰성ㅊ7 門문문門8) 예도를 이루는 문으로 맛있게 먹는 것이 중요하기 때문에 지어준 장고 정문 이름이다. 우리나라 팔도의 여러가지 종류 항아리들을 전시하고 있다. 醬庫(장고 醬젓갈장酉18 庫곳집고广10) 젓갈 집으로 된장 간장 젓갈 등을 모아 관리하는 창고이다.

門居辰

辰居門(진거문 辰별지지진辰7 居있을거尸8 門문문門8) 별이 있는 문이다. 장고에서 경회루로 가는 담장 중앙에 있는 문이다. 주변 건물이 복원이 안된 관계로 담장 중앙에 동떨어져 있다.

風旗臺

風旗臺(풍기대 風바람풍風9 旗기, 깃발기方14 臺돈대대至14) 바람의 기를 세우는 돈대로 바람의 세기를 깃발로 재던 기구이다. 창경궁에 있는 풍기대와 함께 보물로 지정된 우리나라에 두 개만 존재한다.

▶ 예성문 안의 북쪽 장고

▶ 경복궁 풍기대와 집경당과 함화당

▶ 창경궁 풍기대

왼쪽은 창경궁의 것으로 동궐도에 나오는 것을 본 뜬 것이다. 삼지창에 비단천을 달아 바람의 세기를 짐작할 수 있다. 경복궁의 풍기대는 함화당 남쪽 넓은 공간에 설치되어 있다. 깃대를 세우는 구멍에는 물이 고이지 말라고 옆에 구멍을 뚫어 물이 흘러 내리게 만들었다. 겨울에는 얼지 않고 고이지 않아 현실적이며 합리적이다. 보물 제847호로 지정되어 있다.

풍기대 뒤로 흥복전을 복원하려고 발굴을 끝냈으며 2015년 10월부터 몇 년간 공사 예정이다. 살아 남았던 함화당과 집경당이 오랫동안 중심건물 노릇을 하였으나 흥복전이 정상적으로 복원되면 주변이 조화될 것이다.

咸和堂(함화당) 주련

可釣可畊盤谷序(가조가경반곡서) 可옳을가 口5 釣낚시조 金11 可인정할가 口5 畊밭갈 경 田9 盤소반반 皿15 谷골곡 谷7 序차례서 广7
낚시와 밭갈이 인정할 만하니 반곡서(지명이름) 이네.

雲裏帝城雙鳳闕(운리제성쌍봉궐) 雲구름운 雨12 裏속리{이} 衣13 帝임금제 巾9 城성성 土10 雙쌍쌍 隹18 鳳봉새봉 鳥14 闕대궐궐 門18
구름속 임금성에는 쌍의 봉궐(신선이 사는 곳)이고,

能招過客飲文字(능초과객음문자) 能능할능 月10 招부를초 扌8 過지날과 辶13 客손객 宀9
飲마실음 飠13 文글월문 文4 字글자자 子6
지나는 손님을 불러 능히 문자로 마실만(대화) 하고,

閒眠東閣修花史(한면동각수화사) 閒한가할한 門12 眠잠잘,쉴면 目10 東동녘동 木8
閣문설주각 門14 修닦을,고칠수 亻10 花꽃화 艹8 史역사사 口5
한가한 동녘집에서 쉬면서 화사(화훼책)를 고치고,

偶坐南池注水經(우좌남지주수경) 偶짝,우연할우 亻11 坐앉을좌 土7 南남녘남 十9
池못지 氵6 注물댈주 氵8 水물수 水4 經날경 糸13
우연하게 남녘에 앉아 수경(지리책)에 못물을 대주네.

平生所學爲何事(평생소학위하사) 平평평할평 干5 生날생 生5 所비곳소 戶8 學배울학
子16 爲할위 爪12 何어찌하 亻7 事일사 亅8
평생 배운 것으로 어떤 일을 할까.

後世有人知此心(후세유인지차심) 後뒤후 亻9 世대세 一5 有있을유 月6 人사람인 人2
知알지 矢8 此이차 止6 心마음심 心4
후세에 사람이 있어 이 마음을 알아 주나.

妙書鴻戲秋江水(묘서홍희추강수) 妙묘할묘 女7 書글서 曰10 鴻큰기러기홍 鳥17 戲놀희
戈16 秋가을추 禾9 江강강 氵6 水물수 水4
묘한 글은 가을 강물에서 큰 기러기 노는 듯 하고,

好句風行曉苑花(호구풍행효원화) 好좋을호女6 句글귀구口5 風바람풍風9 行갈행行6 曉새벽효日16 苑동산원艹9 花꽃화艹8
좋은 글귀는 새벽 꽃동산에 바람이 가는 듯 하다.

瓦當文延年益壽(와당문연년익수) 瓦기와와瓦5 當당할당田13 文글월문文4 延끌, 이을연廴7 年해년干6 益더할익皿10 壽목숨수士14
기와에는 연년익수라는 글자가 이어져 있고,

銅盤銘富貴吉祥(동반명부귀길상) 銅구리동金14 盤소반반皿15 銘새길명金14 富부유할부宀12 貴귀할귀貝12 吉길할길口6 祥상서로울상示11
구리소반에는 부귀길상이라 새겨져 있네.

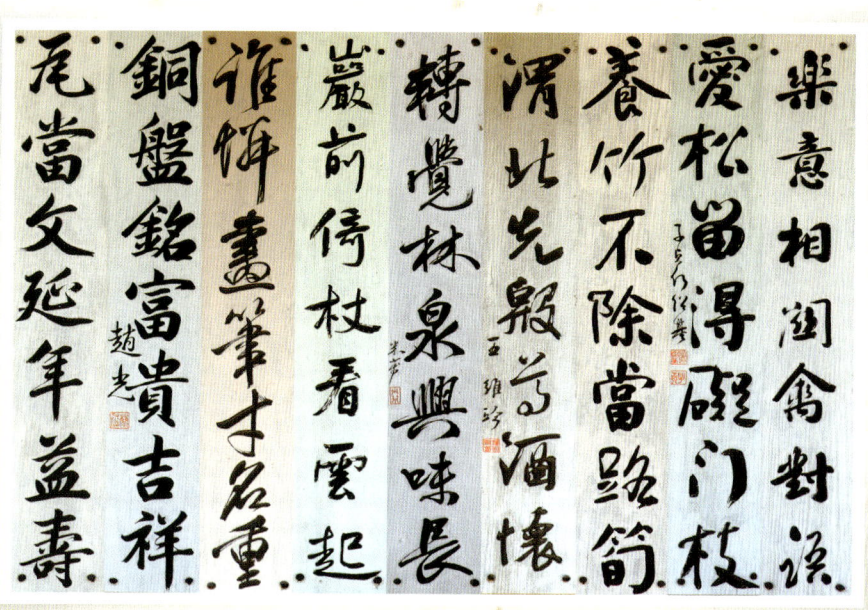

誰憐畫筆才名重(수련화필재명중) 誰누구수言15 憐불쌍히여길련{연}忄15 畫그림화 田13 筆붓필竹12 才재주재扌3 名이름명口6 重무거울중里9
그림과 붓으로 재주와 명성이 귀중하니 누가 불쌍히 여길까.

巖前倚杖看雲起(암전의장간운기) 巖바위암山23 前앞전刂9 倚의지할의亻10 杖지팡이장木7 看볼간目9 雲구름운雨12 起일어날기走10
바위 앞에 지팡이 의지하고 구름 일어나는 것 보며

▶ 함화당 북서쪽에 있는 주련 모습 겨울이라 눈과 고드름이 보인다.

轉覺林泉興味長(전각임천흥미장) 轉구를, 다를전車18 覺깨달을각見20 林수풀임{림}木8 泉샘천水9 興일어날흥臼16 味맛미口8 長길장長8)
다르게 깨달아 수풀과 샘에서 흥미가 길어진다.

渭北先殷尊酒懷(위북선은준주회) 渭강이름위氵12 北북녘북匕5 先먼저선儿6 殷성할, 은나라은殳10 尊술통준寸12 酒술주酉10 懷품을회忄19)
위수 북쪽 은나라 조상 술통을 품으려 하네.

養竹不除當路筍(양죽불제당로순) 養기를양飠15 竹대죽竹6 不아닐불一4 除섬돌, 없앨제阝10 當맡을당田13 路길로{노}足13 筍죽순순竹12
대나무 기르기를 맡아 길가 죽순도 없애지 않고,

愛松留得礙門枝(애송유득애문지) 愛사랑애心13 松소나무송木8 留머무를, 남겨질유{류}田10 得얻을득彳11 礙거리낄애石19 門문문門8 枝가지지木8
소나무를 사랑해 문에 거슬린 가지도 남겨 얻었네.

樂意相關禽對語(낙의상관금대어) 樂즐길낙{락}, 풍류{악}, 좋아할{요}木15 意뜻의心13 相서로상目9 關빗장, 관계할관門19 禽날짐승금内13 對대답할대寸14 語말씀, 말할어言14
즐거운 뜻으로 서로 관계하여 날짐승이 대답하며 말하네.

11. 慈慶殿(자경전) 일곽

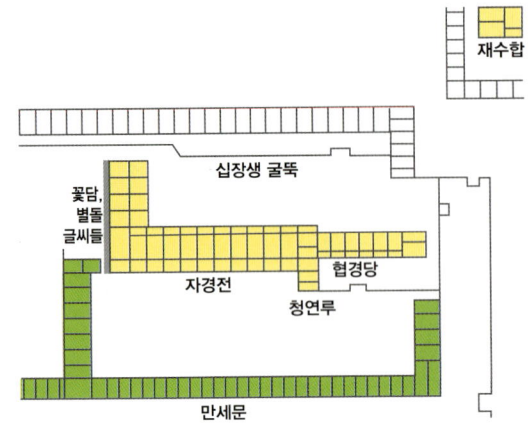

慈慶殿(자경전 **慈**사랑할자㉔13 **慶** 경사경㉔15 **殿**큰집전㉖13) 경사를 사랑하는 집으로 대비가 살던 건물이다. 흥선대원군이 추존 익종왕비를 위하여 지어준 집이다. 고종이 익종의 양아들로 입적시켜 왕위에 오르게 한 것이다. 입적과 입적을 거듭 거쳐 임금에 오르기는 처음이자 마지막이다. 정조가 어머니 혜경궁 홍씨에게 지어준 자경전 이름을 그대로 가져와서 이름표를 달아주었다. 흥선대원군이 중건시 창경궁 자경전은 자미당 재목으로 재활용 되었는데 왜 옮겼는지 생각해야 한다. 현 자경전은 흥선대원군 시절 중건 후 일제가 헐지 않고 남아 있는 건물 중 하나로 보물 제809호이다.

▶ 자경전과 청연루

▶ 자경전 꽃담 겨울과 봄

萬歲門(만세문 萬일만만艸13 歲나이, 해세止13 門문문門8) 일만의 나이를 먹는 문으로 자경전 정문이다. 대비의 만수무강을 기원하는 상징적으로 지어준 이름이다.

淸讌樓(청연루 淸맑을청水11 讌잔치연言23 樓다락루{누}木15) 맑게 잔치하는 다락집으로 자경전 동쪽에 붙어 있는 협경당과 연결된 누각이다. 樓무는 멋부림 옛 서체로 썼다. 대비가 멀리 가지 않고 누각에서 쉴 수 있도록 건물 옆에 배려하여 지어준 건물이다. 궁궐지에 의하면 인종이 청연루 아래 소침에서 돌아가셨다고 한다.

協慶堂(협경당 協합할협+2 慶경사경心15 堂집당土11) 경사를 합하는 집으로 자경전의 부속 건물로 연결된 동측 중심건물이다.

자경전 十長生(십장생 十열십+2 長긴장長8 生날생生5) 굴뚝. 죽지 않고 오래 산다는 열가지 생물을 말한다. 해·산·물·돌·구름·소나무·불로초·거북·학·사슴 열가지를 꼽는다. 오래살기를 바라는 마음을 담고 있다. 대나무, 포도, 연꽃들을 추가하여 새겨 넣었다. 굴뚝의 연가를 완성의 수인 열개를 설치하였다. 자경전 주변을 꽃담으로 만들어 주어 고종의 양어머니 조대비에게 최대의 대우를 해준 것으로 보인다. 지금은 관리상 보기에는 거추장스러운 비가림과 인제책을 세워 자연환경의 변화와 인위적으로 일어나는 파손을 막고자 노력하고 있다. 요즘에는 십장생이 아니라 십이장생이라 하기도 한다는데 이곳은 14종류의 장수 생물들을 표현하였다. 보물 제 810호이다.

齊壽閤(재수합 齊재계재齊14 壽목숨수土14 閤쪽문합門14) 목숨을 재계하는 집으로 제례 공간인 만경전의

▶ 자경전 십장생 굴뚝

▶ 국립민속박물관 내에 있는 재수합

▶ 봄 매화와 복숭아

▶ 여름 모란과 석류

▶ 가을 들국화와 국화

▶ 겨울 철쭉과 대나무

▲ 자경전 십장생 굴뚝의 모습. 국화, 바위, 불로초, 소나무, 사슴, 구름, 학, 물, 거북이, 해, 대나무, 연꽃, 새, 포도 14가지 모양

부속 건물이었으나 나머지는 모두 헐려 없어지고 이 건물만 홀로 남아 흔적을 알려주고 있다. 지금은 국립민속박물관내에 속해 있어 민박에서 관리하면서 이용하고 있다.

자경전 서쪽 담장에 아름다운 문양이 있다. 사계절을 의미하기도 하고 장수와 행복을 위한 속뜻을 가지고 있다. 봄의 매화와 복숭아는 장수를 여름의 모란과 석류는 부귀와 자손번성을 의미 한다. 가을의 국화와 들국화는 결실을 뜻하고 겨울의 철쭉과 대나무는 왕실의 권위를 상징한다. 십장생의 굴뚝의 많은 자연물들은 부귀영화로 오래 사는 장수를 의미하여 조성하였다. 대비의 노후를 편하게 모시고자 하는 정성이 담겨 있다고 볼 수 있다.

▶ 매화와 봄춘자

매화와 봄춘자 길상문과 꽃문양의 조화를 이루도록 배치하였다. 글자 모양을 자세하게 보면 글자를 알아볼 수 있도록 길상문을 빨간 벽돌로 만들어 아름답게 꾸몄다. 가장 단순하고 알아보기 쉽게 적벽돌로 쓴 봄춘春자이다.

벽돌 글씨체들

자경전 주변과 교태전 건순각 주변에 많이 있다. 왕비나 대비가 사는 공간에 벽사의 의미와 축원을 기원하는 상징적 내용을 담고 있다. 글자를 추가 또는 생략하기도 한다.

자경전 주변

聖人道理(성인도리 聖성스러울성ㅠ13 人사람인ㅅ2 道길도辶13 理다스릴리玉11) 뛰어난 사람이 당연히 하는 바른 길이다. 십장생 굴뚝 동쪽에 있다.

리　　　도　　　인　　　성

자경전 십장생굴뚝 동쪽 성인도리

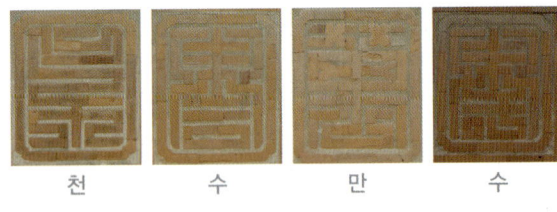

천　수　만　수

千壽萬壽(천수만수 千일천천十3 壽목숨수士14 萬일만만艸13 壽목숨수士14) 천년만년 목숨을 유지하라는 것이다. 오래오래 무병장수하는 기복적인 삶을 표현하였다.

성인도리천수만수는 흥선대원군이 조대비에게 무언으로 "아들을 왕위에 올려주어 성인이 되었으니 오래오래 사시길 기원합니다" 라고 감사의 표시로 보인다. 자경전 서쪽 담장 안쪽에 있다.

千疆萬禾張春(천강만화장춘 千일천천十3 疆굳셀강弓16 萬일만만艸13 禾벼화(年해년)禾5) 張베풀장弓11 春봄춘日9) 천년만년 굳세어 해마다 봄을 베푼다는 의미이다. 화자와 년자는 비슷하여 실수인지 의도인지 구분하기 어렵다. 일제시대에 만든 고적도보사진에는 年자로 되어 있다.

춘　장　화　만　강　천

교태전 건순각 글씨(꽃담 서측면) 1

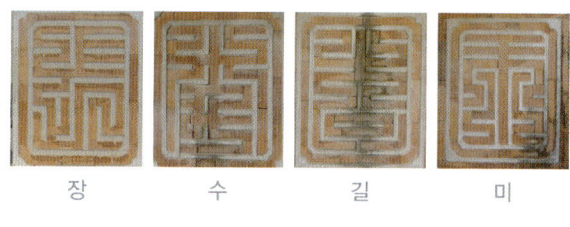

未吉壽張(미길수장 未아닐미木5 吉길할
길口6 壽목숨수士14 張베풀장弓11) 아직 길하
지않아 목숨을 베푼다. 함원전에서 건순각
으로 가는 작은 함형문 좌우 앞뒤에 설치
되어 있다.

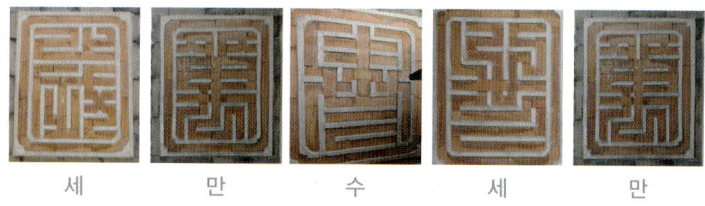

萬歲壽萬歲(만세수만세 萬일만만艹13 歲해세止13 壽목숨수士14 萬일만만艹13 歲해세止13) 목숨(장수)를
위하여 만세만세 합창합니다.

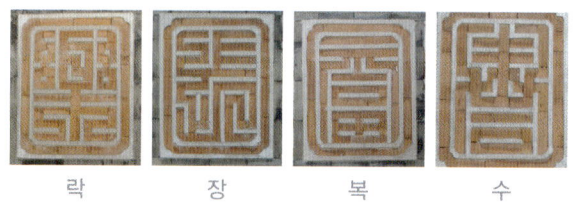

壽福張樂(수복장락 壽목숨수士14 福복
복示14 張베풀장弓11 樂즐길락{풍류악, 좋아
할요}木15) 즐기고 베풀면 오래사는 복 받는
다.

未央與天無極(미앙여천무극 未아닐미木5 央가운데, 끝남앙大5 與줄여臼14 天하늘천大4 無없을무火12
極다할극木13). 하늘에서 준것은 끝남이 아니고 끝이 없다.

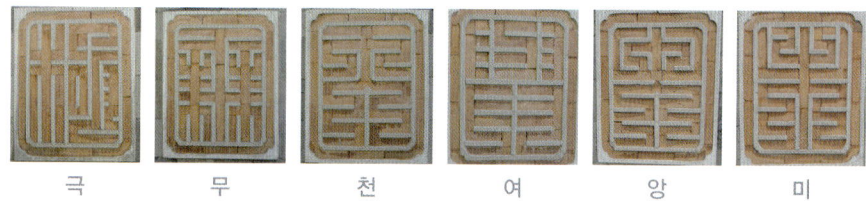

교태전 건순각 글씨(꽃담 동측면) 2

덕　　호　　선　　　　　　낙

樂善好德(낙선호덕　樂즐길락{풍류악, 좋아할요}木15　善착할선口12　好좋을호女6　德덕덕彳15) 착함을 즐기면 덕을 좋아하게 된다.

춘　　장　　수　　묘　　흥　　화　　치

治化興卯壽張春(치화흥묘수장춘　治다스릴치水8　化될화匕4　興일어날흥臼16　卯토끼. 넷째지지묘卩5　壽목숨수士14　張베풀장弓11　春봄춘日9) 흥이 나게 다스리면 봄같이 수명이 베풀어 진다.

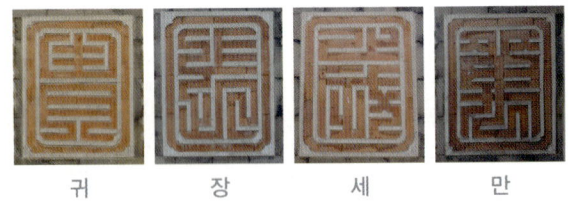

귀　　장　　세　　만

萬歲張貴(만세장귀　萬일만, 오래만艸13　歲해세止13　張베풀장弓11　貴귀할귀貝12) 오랜 세월을 베풀면 존귀해진다.

12. 東宮(동궁) 지역

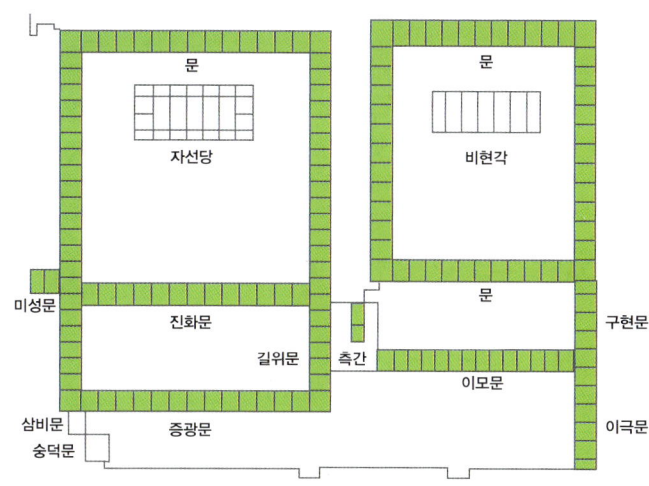

東宮(동궁 東동녘동 木8 宮집궁 宀10) 동쪽에 있는 궁으로 세자가 사는 지역과 세자를 이르는 말이다. 중심건물 동쪽에 있다고 불리기도 한다. 동궁권역은 2001년에 복원한 건물이다.

資善堂(자선당 資재물자 貝13 善착할, 잘할선 口12 堂집당 土11) 재물이 잘 모이는 집으로 세자를 의미하는 뜻으로 세자가 살던 집이다. 동궁 지역의 서쪽에 있다. 임진왜란 때 불타고 대원군 때 중건한 것을 일본으로 반출하여 호텔 일부로 사용하다가, 1923년 관동 대지진때 불에 타서 건물은 없어지고 방치된 주춧돌을 가져와 건청궁 동측편 녹산 모퉁이에 전시하고 있다. 중건시

동궁 전경 ▲

사용하고자 하였으나 불에 그을려서 약해진 탓에 사용할 수 없었다. 나라를 잃어버리면 문화재도 화를 당한다. 세종대왕이 승하후 빈전으로 사용하였다.

丕顯閣(비현각 丕클비₋₅ 顯나타날현 頁23 閣 문설주각 門14) 크게 나타나는 집으로 세자빈이 살던 집이다. 비운의 단종이 태어나고 7일후에 왕비가 돌아가신 건물로 문종이 세자시절 거처하던 곳이다. 동궁지역 동측으로 자선당 동쪽에 있다. 율곡 이이가 선조에게 서경을 강의한 곳이기도 하다.

重光門(중광문 重무거울, 거듭할중 里9 光 빛광 儿6 門문문 門8) 빛을 거듭해서 받는 문으로 자선당 바깥 행각 중앙에 있는 문이다. 세자가 사는 중심문으로 성장하기를 바라는 의미와 부왕에 이어 덕을 계속 베풀기를 뜻하기도 한다.

貳極門(이극문 貳두이 貝12 極다할극 木13 門문문 門8) 두 번째 극의 문으로 임금 일극 다음의 세자 이극를 의미하는 문이다. 건춘문과 근정전의 사이의 건물들이 없어져서 동궁의 동남쪽 관람이 시작되는 곳에 위치한다. 이극문 남측은 측간으로 3칸짜리 화장실이다.

求賢門(구현문 求구할구 水7 賢어질현 貝15 門문문 門8) 어진신하를 구하는 문으로 이극문 북쪽에 위치하며 동궁의 동쪽문이다. 구현문으로 많이 다니면 어진 신하로 발탁될 수 있다는 이야기가 전해진다.

▶ 자선당

▶ 비현각

震化門(진화문 震벼락세자진雨15 化될화匕4 門문문門8) 벼락세자이 되는 문으로 자선당 남행각 중앙에 있는 문이다. 벼락이 귀한 것으로 세자를 상징한다. 동궁자선당으로 들어가는 문이다. 이름은 상징성이나 희망사항을 지어준 것으로 이해하여야 한다. 편액 중에서 염우판 부분인 칠보문양의 차이로 가치와 격조를 알 수 있다.

貽謨門(이모문 貽깨우칠칠이貝12 謨꾀 모言18 門문문門8) 꾀를 깨우쳐줄 문으로 선대왕의 교훈을 의미한다. 세자 부부가 사는 비현각 남행각 중앙에 있는 문이다.

崇德門(숭덕문 崇높을숭山11 德덕덕彳15 門문문門8) 덕을 높이는 문으로 근정전 북동쪽 행각문에서 동궁으로 들어가는 문이다.

美成門(미성문 美아름다울미羊9 成이룰성戈7 門문문門8) 아름다움이 이루어지는 문으로 동궁과 근정전 사이에 있는 문이다. 이곳으로 많이 다니면 아름다움이 이루어진다는 이야기가 전해진다.

吉爲門(길위문 吉길할길口6 爲할위爪12 門문문門8) 길하게 하는 문으로 동궁 자선당 행각과 비현각 행각 중간부분에 위치하고 있다. 문 앞에 복원한 두칸짜리 측간화장실이 있다.

Ⅱ. 경복궁 현판으로 배우는 천자문 **213**

▶ 길위문 – 두칸짜리 측간(화장실)

三備門(삼비문 三석삼-3 備갖출비 人12 門문문 門8) 세 가지를 갖추는 문으로 동궁 남서측에 있다. 임금과 부모와 어른을 모시는 것을 의미하며 준비된 세자를 뜻한다. 동궁으로 들어가는 이극문과 반대쪽 문이다. 관람객이 이곳으로 많이 다니면 스스로 정하는 세 가지를 갖추게 된다는 이야기가 있다.

建春門(건춘문 建세울건 廴9 春봄춘 日9 門문문 門8) 봄을 세우는 문으로 봄은 동쪽을 의미하므로 경복궁 동쪽 문으로 지은 것이다. 경복궁 네 개의 대문 중에 피해없이 제대로 있는 건물 중 하나이다. 총독부 건물이 있는 동안 한때 경복궁 입장을 이곳으로 하였었다. 현판은 군인이었던 훈련대장과 영건제조를 지낸 이경하가 썼다. 경복궁 사대문은 무관이 지켜지기를 바라면서 쓴 것으로 보인다. 멋 부리지 않는 무관답게 썼다. 가을을 맞이하는 영추문과 봄을 세우는 건춘문과 서로 상응한다.

府親宗　　宗親府(종친부 宗마루종⌒8 親친할친⌒16 府곳집, 관청부⌐8) 조선왕조 때 왕실의 족보와 초상화를 보관 관리 하고, 왕과 왕비의 의복을 관리하며 왕족 후손인 종반宗班을 다스리던 관청을 말한다. 여러개의 건물이 있었으나 훼손되고 국립현대미술관 동측에 경근당, 옥첩당 2개동만 복원하였다.

▶ 동궁 종친부

敬近堂(경근당 敬공경할경호13 近가까울근辵8 堂집
당土11) 가까운 종친을 공경하는 집으로 왕실가족들을 보
호 관리하는 일을 보았던 건물이다. 군사시설이 이전되
고 미술관이 들어서면서 최소한의 명분으로 들어선 복원 이전한 건물로 옥첩당과 함께 모두 2개동이 있다.

玉牒堂(옥첩당 玉구슬옥玉5 牒서찰첩片13 堂집당
土11)구슬같은 서찰(편지)을 관리하는 집으로 왕실가족
들의 족보 등을 관리하던 건물이다. 경근당과 함께 복원
된 건물로 한때 정독 도서관으로 옮겨졌다가 제자리로 돌아온 건물이지만 주변은 국군통합
병원에서 미술관으로 바뀌었을 뿐이다. 2013년에 원래자리로 종친부가 옮겨진 것이다.

七宮(칠궁 七일곱칠一2 宮집, 사당궁宀10) 일곱개의 사당
으로 아들을 잘 두어 왕의 어머니가 되었지만 종묘에 갈 수
없는 후궁들의 사당이다. 처음에는 영조의 어머니인 육상궁
이 지어졌다가 추가로 모아져서 일곱분의 신위를 모신 사당으로 궁호를 받은 분들이 계신
곳이다.

儲慶宮(저경궁 儲쌓을저人18 慶경사경心15 宮사당
궁宀10) 경사로움을 쌓은 집으로 인조의 아버지 추존왕
원종의 어머니 인빈김씨의 사당이다. 인조가 반정에 성
공하여 아버지를 추존하고 할머니^{선조 후궁}를 인빈으로
올려 사당과 산소묘를 순강원^{남양주 진접읍 내각리}으로 모셨다. 아들을 잘 두어야 죽어서도 대접
받던 시대이었기에 가능한 것이었다.

▶ 칠궁 전경

▶ 칠궁의 저경궁

▶ 대빈궁 전경

大嬪宮(대빈궁 大큰대ᄉ3 嬪아내빈女17 宮사당궁宀10) 가장 큰 아내의 집으로 경종의 어머니 희빈장씨의 사당이다. 왕비까지 올랐다가 빈으로 강등되어 돌아가신 어머니를 위하여 지어준 이름으로 어울린다. 장희빈은 사극에서 시기와 모략을 많이 한 여인으로 많이 나오지만 정치적 희생양으로 보인다. 장희빈은 남인 편이었고 서인간의 싸움에서 무너진 여인의 이야기로 회자되고 있다.

毓祥宮(육상궁 毓기를육毋14 祥상서로울상示11 宮사당궁宀10) 상서로움을 기르는 집사당으로 영조 어머니 숙빈 최씨 사당이다. 처음 영조 생전에 육상묘(廟사당묘广15)라 쓴 어필이므로 그대로 현판으로 부착되고 있다. 아들인 사도세자가 대리청정 때 올린 궁호로 고칠 수 없었던 것으로 보인다. 연호궁손자 며느리과 같은 건물에 있다.

▶ 육상궁과 연호궁 전경

延祐宮(연호궁 延끌연㐅7 祐복호㐅10 宮집궁㐅10 祐도울우㐅10) 복을 끌어들이는 집으로 10살에 돌아가신 효장세자의 어머니 정빈이씨의 사당이다. 효장세자는 영조의 첫 번째 세자이며 두 번째가 사도세자이다. 정조가 왕위에 오른후 호적상 아버지 효장세자는 진종으로 추존하고 친아버지 사도세자는 고종때 추존되어 종묘에 신위가 모셔져 있다. 비슷한 글자인 祐도울우와 의미도 비슷하기 때문에 유지하고 있는 것으로 보인다. 연우당이라 하면 도움을 끌어들이는 집으로 비슷하다. 정조가 왕위에 오르게 끌어들였다고 지어준 이름으로 알맞다. 묘호와 능호와 사당이름도 살아생전 업적을 그에 적합한 한 글자 또는 두 글자로 지어주는 것이다.

▶ 경우궁과 선희궁

宣禧宮(선희궁 宣베풀선﹡9 禧복희﹡17 宮사당, 집 궁﹡10) 복을 베푸는 집으로 사도세자 장조로 추존되어 종묘에 모셔져 있다의 어머니 영빈이씨의 사당이다. 결정적으로 영빈은 부인 혜경궁과 함께 친아들인 사도세자를 죽음에 이르게 한 매정한 어머니라고 한다. 손자며느리인 경우궁과 같은 건물에 모셔져 있다.

景祐宮(경우궁 景볕경 日12 祐도울우﹡10 宮사당, 집 궁﹡10) 햇빛을 받도록 도우는 집으로 큰복을 받은 집이다. 순조의 어머니 수빈박씨의 사당이다. 임금을 얻기 위하여 왕실로 들어온 정조의 후궁이다. 다음 왕위자를 생산하기 위하여 들어와 혜경궁 홍씨와는 며느리 관계이다. 혜경궁은 사도세자가 추존이 되어 종묘에 모셔져 있다. 수빈은 혜경궁이 쓴 한중록에 많이 나오는 순조의 친어머니이다.

▶ 덕안궁

德安宮(덕안궁 德큰덕亻15 安편안할안宀6 宮집궁
宀10) 크게 편안한 집으로 영친왕^{고종의 일곱 번째 아들이며 순종의 이복 동생} 어머니 순헌귀비 엄씨의 사당이다. 엄 귀비는 아관파천 때 가마를 타고 경복궁에서 러시아 대사관으로 이동할 때 동행하여 비운의 영친왕을 낳았다. 1929년 태평로에 있던 사당을 육상궁 내로 옮겼다.

松竹齋(송죽재 松소나무송木8 竹대죽竹6 齋재실재齋17) 소나무와 대나무의 재실로 칠궁 내에 있으며 입구에 있는 건물이다. 사시사철 푸르른 소나무와 대나무 같은 마음으로 재를 지내기를 원하는 임금의 어머니 사당내에 있는 재실이름으로 제격이다.

▶ 칠궁 냉천정

▶ 칠궁 냉천

 冷泉亭(냉천정 冷찰냉{랭}; 7 泉샘천 水9 亭정자 정 ㅗ9) 차가운 샘의 정자로 냉천 옆에 지은 정자이다. 영조의 어필로 냉천冷泉글씨가 새겨져 있다. 창경궁 통명전 뒤에는 차가운 샘이라는 영조의 열천 글씨가 새겨져 있다.

▶ 칠궁 자연 이름표는 남측 축대에 새겨져 있다.

 紫淵(자연 紫자줏빛자 糸11 淵못연 水11) 자주빛 연못으로 자주빛이 임금을 뜻하므로 임금님 연못을 말한다. 비록 왕비는 못되었다 하더라도 임금의 어머님을 모시는 사당 연못 이름으로 지어 바친 것이다. 전서체로 장대석 축대에 새겨져 있다.

▶ 칠궁 풍월헌과 송죽재

▶ 칠궁 삼락당

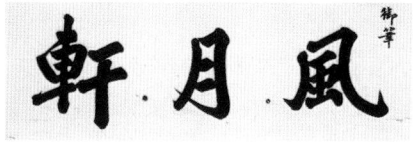
風月軒(풍월헌 風바람풍風9 月달월月4 軒추녀 집헌車10) 바람은 피하고 달을 맞이하는 추녀집으로 재실내 관헌들이 머물던 건물이다. 송죽재와 같은 건물이며 동쪽에는 송죽재 현판이 서쪽에는 풍월헌 현판이 있다. 건물 앞 마당에는 가마나 말을 타고 내릴 수 있는 노둣돌이 놓여 있다.

三樂堂(삼락당 三 석삼一3 樂즐길락{풍류악, 좋아할}{요}木15 堂집당土11) 세가지 즐거움이 있는 집으로 칠궁 재실 송죽재 뒤에 있는 건물이다. 세가지 즐거움은 시대와 여건에 따라 다르기 때문에 독자가 정해도 좋을 것이다. 맹자는 부모형제가 살아계시고, 하늘에 부끄러움이 없고, 현명한 제자를 기르는 것이라 하였다.

大小人員皆下馬碑(대소인원개하마비 大큰대大3 小작을소小3 人사람인人2 員수효원口10 皆모두다개白9 下아래하一3 馬말마馬10 碑돌기둥비石13) "지위가 높거나 낮은 모든 사람들은 말에서 내려"라는 돌기둥으로서 임금을 제외한 모든 사람은 말에서 내려서 걸어 들어가라는 표식이다. 보통 사당 입구에 있는데 종묘에도 광장 동측에 둘레석을 두른 하마비가 있다.

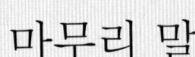

마무리 말

역사는 과거이자 현재, 그리고 미래이다. 역사는 바라보는 사람들의 관점, 시대적 상황과 현재의 여건에 따라 다르게 보인다. 또 역사는 과거와 현재를 이어주는 연결체이기에 더욱 중요하다. 이렇게 이어진 현재에서 우리는 새롭게 무언가를 배우고 새로운 세계로 나아가기 위해 노력한다. 현재와 다가올 미래에 있어서 문화재와 역사는 독자에게 소중한 경험이자 자산이 될 것이다.

자랑할 수 없었던 시대에 살았던 선대 조상시대와 요즘 우리가 사는 현대와는 많은 차이가 있다. 어디에 내 놓아도 빠지지 않는 대한민국이기에 이제는 국력에 걸맞는 국격을 높이는데 노력하여야 한다. 신라시대의 경주 반월성, 고려시대 개성의 만월대, 고구려의 평양성 등이 남아 있으나 현재 우리나라에서 조선시대의 문화유산들이 가장 많이 남아있다. 세파에 휘둘려 사라진 것은 어쩔 수 없다고 치더라도 남아있는 유산만큼이라도 잘 관리하고, 선조들의 지혜와 깊은 뜻을 이해하고 온고지신의 마음으로 발전시켜 나가야 한다.

이제는 우리도 대한민국의 국력에 맞게 대접 받도록 노력하여야 한다. 다른 나라의 가치 있는 문화재가 있을 때 그 나라를 어떻게 평가했는가. 경제성장과 함께 시민의식의 성장도 필요하다. 그래도 옛날에는 "조상들이 잘 살았네"라고 이야기하기도 한다. 우리에게 "신라"하면 첨성대나 불국사 석굴암을 떠올리고 고려는 팔만대장경을, 조선이라면 한글이나 왕조실록, 거북선, 경복궁, 화성을 떠올리는데 그에 맞는 대접을 하고 있는지 궁금해진다. 요즘 경복궁은 관람객이 갈수록 많이 찾고 있다. 내국인이나 외국인에게 경복궁 문화재가 어떻게 비쳐지고 있을까? 다양성을 인정하는 세상이기에 더 가치 있는 우리문화재를 제대로 알려줘야 할 이유와 의무가 있다.

경복궁이었던 국립민속박물관과 고궁박물관 그리고 경복궁 후원後園인 청와대를 무조건 떠나라고 할 것이 아니라 현대와 과거가 공존하면서 상생적 가치상승을 하여야 한다. 문화재를 제대로 알게 하려면 눈에 보이는 것도 중요하고 그 속에 숨겨져 있는 상징의 의미를 제대로 알려주어 진정한 가치를 알고 갈 수 있도록 하여야 한다. 경복궁에 담긴 이야기는 자연조화와 그리고 백성과의 소통, 배성과 더불어 태평성대를 기리는 마음으로 만들었기 때문임을 인정해야 한다. 고종때 무리해서 중건한 법궁 경복궁이 지금에 와서는 오히려 대한민국의 국격을 높히는데 기여하고 있다. 알파벳 문자가 로마나 그리스와 유럽이 연관이 되어 있듯이 한자도 중국 고유의 것이라기 보다는 동아시아의 문화와 연결되어 있다. 다시 말하면 중국의 한족 글자가 아닌 동아시아인들이 함께 사용한 글자이다. 이처럼 경복궁의 현판을 통한 한자와 한글을 이해하고 역사를 배워가는 것이 참으로 소중하다.

따라서 잘 가꾸어진 문화재를 후대에 아름답고 자랑스럽게 남겨주기 위하여 현재 이용하는 사람들이 아끼고 보호하여야 한다. 오늘날 극히 일부 인원이 문화유산의 후손임을 망각하고 관람질서를 어지럽히고 있기에 안타까운 마음이다. 이제는 경건한 역사 교육장과 심신의 휴식공간으로 활용하여야 한다. 궁궐이나 문화재 지역 내에서 음주나 운동^{게임}, 그리고 고성방가 등을 하지 않는 것이 좋다. 조상들의 삶의 지혜를 배우기 위하여 스스로 잘 지켜서 자랑스럽고 떳떳한 후손^{궁궐이나 문화재를 찾는 모든 사람}이 되어야 하는 것이다.

유구한 역사를 가진 민족으로 열등감보다는 더 좋은 자랑스러움과 긍정적 생각으로 더 나은 내일로 성장할 수 있기를 바란다. 경복궁이라는 궁궐에서 한번 방문으로 현판의 한자를 모두 이해하기에는 무리이다. 답사하면서 건물들에 배어있는 사연과 뜻을 알게 되면 자연스럽게 한자의 한글자 한글자가 기억나며 실생활에 연결된 글자라는 것을 알게 될 것이다.

이 책이 미래로 성장하는 독자들의 자기계발서가 되었으면 좋겠다. 학생은 학생답게 잘 배우고, 엄마와 선생님은 잘 가르쳐서 서로 가르치고 배우는 즐거움이 커지는 계기가 된다면 더 이상 바랄게 없겠다. 한자를 배우면 한글을 더 사랑하게 될 것이라 믿는다.

참고문헌

- 궁궐지1 : 경복궁, 창덕궁. 서울학연구소 1994.
- 국역 조선왕조실록. 인터넷 국사편찬위원회.
- 한국민족문화대백과사전 한국정신문화연구원 1991.
- 국역 연려실기술 민족문화추진회 1997.
- 우리궁궐이야기 홍순민 청년사 2000.
- 신궁궐 기행 이덕수 대원사 2004.
- 한양풍수와 경복궁의 모든 것 안국준 태웅출판사 2012.
- 경복궁에 대해 알아야 할 모든 것 양택규 책과함께 2007.
- 동궐도 1990, 동궐도 읽기2007. 문화재청.
- 조선의 집 동궐에 들다. 한영우 영화당/효형출판 2006.
- 조선고적도보 조선총독부.
- 경복궁 기행열전 이노근 종로신문사 2005.
- 고궁산책 허균 교보문고 2003.
- 창덕궁 최종덕 눌와 2007.
- 궁궐의 우리나무 박상진 눌와 2001.
- 나의문화유산 답사기 유홍준 창비 2011·경복궁편.
- 우리의 고궁 김재일 한림미디어 1998.
- 경복궁 이강근 대원사 2003.
- 신화속 상상동물 열전 윤열수 문화재 보호재단 2010.
- 영건의궤 영건의궤연구회 동녘 2010.
- 더코리아 월간지 2012. 7월호, 9월호.
- 조선의 왕릉 이호일 가람기획 2003.
- 사상으로 조선시대와 소통하다 고궁박물관 2011.
- 조선의 왕을 말하다 1,2권 이덕일 역사의 아침 2010.
- 조선의 통치철학 한명기외 푸른역사 2010.
- 궁궐현판의 이해. 문화재청 2006.
- 궁궐주련의 이해. 문화재청 2007.
- 궁궐의 현판과 주련1 경복궁 수류산방 2007.
- 궁궐을 제대로 보려면 왕이 되어라 장영훈 담디 2005.
- 경복궁 변천사 문화재청 2007.
- 나의 문화유산 답사기6 유홍준 창비 2011.
- 이야기 동양신화 정재서 김영사 2010.

찾아보기

ㄱ

가	歌	노래 가	118
가	家	집 가	115
가	可	옳을 가	195

| 각 | 覺 | 깨달을 각 | 198 |
| 각 | 閣 | 문설주(집) 각 | 93, 115, 154, 156, 196, 210 |

간	干	방패 간	108
간	看	볼 간	198
간	艮	어긋날 간	127

| 갑 | 甲 | 갑옷, 첫째천간 갑 | 127 |

강	疆	굳셀 강	206
강	江	강 강	196
강	降	내릴, 항복할 강(항)	126
강	疆	지경 강	142
강	康	편안할 강	22, 128, 137, 163

| 개 | 介 | 끼일 개 | 118 |
| 개 | 皆 | 모두 다 개 | 225 |

| 객 | 客 | 손 객 | 196 |

| 거 | 居 | 있을 거 | 119, 193 |

건	建	세울 건	141, 160, 163, 214
건	健	튼튼할 건	22, 23, 156
건	乾	하늘 건	127, 166

| 견 | 見 | 볼 견 | 134 |

경	鏡	거울 경	182
경	慶	경사 경	130, 140, 142, 200, 202, 216
경	敬	공경할 경	22, 119, 154, 163, 190, 216
경	瓊	구슬 경	171
경	經	날 경	196
경	驚	놀랄 경	126
경	畊	밭갈 경	195
경	卿	벼슬 경	117
경	景	볕 경	22, 53, 94, 160, 163, 220
경	傾	기울 경	179, 182
경	庚	일곱째천간 경	127

계	戒	경계할 계	119
계	階	섬돌 계	104
계	啓	열 계	142, 189
계	癸	열째천간 계	127, 175

고	庫	곳간 고	125, 193
고	高	높을 고	119
고	膏	살찔 고	182
고	古	옛 고	95

곡	穀	곡식 곡	126
곡	谷	골 곡	195
곤	坤	땅 곤	127, 168
곤	崑	산이름 곤	185
공	公	공변될 공	118, 119
공	恭	공손할 공	22, 161
과	過	지날 과	96
곽	郭	둘레 곽	12, 102, 122
관	館	객사 관	95, 177
관	官	벼슬 관	92
관	觀	볼 관	134, 135, 171
관	關	빗장 관	199
광	光	빛 광	22, 90, 142, 170, 182, 190, 209
광	廣	넓을 광	173, 174
교	敎	가르칠 교	117
교	橋	다리 교	100, 175
교	交	사귈 교	93, 148
구	求	구할 구	209
구	晷	그림자 구	125
구	句	글귀 구	197
구	九	아홉 구	104, 117, 181
구	俱	함께 구	119
규	奎	별 규	171

국	國	나라 국	95, 177
군	軍	군사 군	92
군	君	임금 군	22
궁	宮	집 궁	94, 95, 209, 218
궐	闕	대궐 궐	180, 195
귀	貴	귀할 귀	197, 208
극	極	다할 극	207, 210
근	勤	부지런할 근	102
근	近	가까울 근	119, 216
금	禽	날짐승 금	199
금	琴	거문고 금	170
금	金	쇠 금	180
금	錦	비단 금	100
기	器	그릇 기	145
기	旗	기 기	180, 193
기	氣	기운 기	126, 182, 183
기	奇	기이할 기	98
기	綺	비단 기	161
기	起	일어날 기	198
길	吉	길할 길	128, 139, 150, 163, 171, 197, 207, 212

ㄴ

낙	落	떨어질 낙(락)	117, 157
난	欄	난간 난(란)	108
난	蘭	난초 난(란)	145
남	南	남녘 남	179, 196
납	納	들입 납	182
낭	閬	솟을대문 랑(낭)	185
노	路	길 노(로)	199
노	露	이슬 로(노)	126
녹	鹿	사슴 녹(록)	100
내	乃	이, 곧 내	142, 154
냉	冷	찰 냉(랭)	223
년	年	해 년	197
녕	寧	편안할 녕(령)	22, 128, 137, 168
능	能	능할 능	196

ㄷ

다	多	많을 다	182
단	壇	단 단	95
단	丹	붉을 단	42
담	潭	못 담	157
담	萏	연꽃봉우리 담	180
답	踏	밟을 답	165
당	當	당할 당	197, 199
당	堂	집 당	123, 124, 139
대	對	대답할 대	199
대	代	대신할 대	93
대	臺	돈대 대	108, 112, 193
대	戴	받들 대	163
대	大	큰 대	126, 155, 218, 225
덕	德	큰 덕	98, 117, 191, 207, 212, 223
도	圖	그림 도	111
도	道	길 도	117, 141, 206
독	篤	도타울 독	118
돈	敦	도타울 돈	117
동	冬	겨울 동	126
동	銅	구리 동	197

동	東	동녘 동	93, 196, 209
동	動	움직일 동	179
동	同	한가지 동	118
두	斗	말 두	179
득	得	얻을 득	199

ㄹ

란	鸞	란새 란	181
락	樂	즐거울 락	117, 128, 179, 199, 208, 225
래	來	올 래	183
래	萊	명아주 래	181
량	兩	두 량(양)	150
련	憐	불쌍히여길 련(연)	198
렬	列	벌일 열(렬)	117
렬	洌	맑을 렬	177
례	禮	예도 례	97, 193
로	爐	화로 로	113
록	綠	푸를 록	170
롱	籠	젖을 롱	180
루	樓	다락 루	111, 130, 168, 169, 170, 179
류	留	머무를 류	183, 199
륭	隆	높을, 융성할 융(륭)	22, 111, 117, 158
릉	陵	큰 무덤 릉	22, 23
릉	凌	오를 릉	182
리	理	다스릴 리	206
리	里	마을 리	186
리	裏	속 리(이)	195
리	利	이로울 리(이)	134
림	臨	임할 림	173
림	林	수풀 임(림)	198
립	立	설 립	95, 117, 177

ㅁ

마	馬	말 마	225
맥	陌	밭두렁 맥	179
만	萬	일만 만	122, 128, 136, 142, 150, 184, 202, 206
만	滿	찰 만	126

망	芒	털 망	126
면	眠	잠잘 면	196
명	明	밝을 명	22, 126, 171, 184, 189
명	銘	새길 명	197
명	名	이름 명	198
모	謨	꾀 모	212
목	睦	화목할 목	23, 117
묘	卯	토끼, 넷째지지 묘	109, 127, 208
묘	墓	무덤 묘	22
묘	妙	묘할 묘	196
묘	廟	사당 묘	22, 218
무	武	굳셀 무	111, 119, 173, 174, 175, 191
무	無	없을 무	142, 207
무	舞	춤출 무	184
묵	墨	먹 묵	183
묵	黙	묵묵할 묵	161
문	門	문 문	90, 91, 97, 98, 180
문	文	글월 문	111, 119, 196, 197
문	聞	들을 문	161, 183
물	物	만물 물	95, 177, 182
미	尾	꼬리 미	181
미	彌	두루 미	182
미	味	맛 미	198
미	嵋	산이름 미	156
미	未	아닐 미	207
미	美	아름다울 미	119, 212
미	未	여덟번째지지 미	109, 127
미	采	점점 미	118
민	民	백성 민	117, 177

ㅂ

박	博	넓을 박	95, 177
박	薄	엷을 박	113
반	盤	소반 반	195, 197
방	芳	꽃다울 방	118
방	邦	나라 방	118
방	房	방 방	145, 165, 180
백	百	일백 백	191
백	白	흰 백	126
번	藩	덮을 번	118
벽	壁	바람벽 벽	181
벽	碧	푸를 벽	183
별	別	나눌 별	98
병	屛	병풍 병	118

병	丙	밝을. 세째천간 병	127
보	輔	도울 보	152
보	寶	보배 보	183
보	保	지킬 보	163
복	福	복 복	94, 128, 145, 171, 191, 207
북	北	북녘 북	179, 198
봉	鳳	봉새 봉	189, 195
봉	峰	산봉우리 봉	111
봉	蓬	쑥 봉	181, 185
부	釜	가마 부	125
부	富	가멸 부	197
부	府	곳집 부	215
부	芙	연꽃 부	168
부	敷	펼 부	141
분	分	나눌 분	126
불	不	아닐 불	119, 199
비	備	갖출 비	214
비	碑	돌기둥 비	225
비	丕	클 비	210
빈	嬪	아내 빈	218

人

사	射	비출 사	180
사	四	넉 사	104, 170
사	思	생각할 사	22, 122, 124, 161, 163
사	巳	여섯째지지 사	109, 127
사	史	역사 사	196
사	事	일 사	196
사	社	토지신 사	95
산	山	뫼 산	22, 183, 184
산	産	낳을 산	68
삼	三	석 삼	104, 214, 225
상	祥	상서로울 상	128, 191, 197, 218
상	霜	서리 상	126
상	相	서로 상	199
상	爽	시원할 상	183
상	尚	오히려 상	117
상	上	위 상	108, 177, 179
상	像	형상 상	109, 132
생	生	날 생	93, 139, 183, 196, 202
서	書	글 서	196
서	暑	더울 서	126
서	瑞	상서로울 서	115, 163, 180
서	西	서녘 서	183
서	序	차례 서	117, 195
석	石	돌 석	104, 108, 113

선	扇	부채 선	181
선	善	착할 선	117, 119, 124, 155, 158, 208
선	先	먼저 선	198
선	宣	베풀 선	22, 152, 220
설	雪	눈 설	126
성	盛	담을 성	117
성	星	별 성	184
성	聲	소리 성	181
성	城	성 성	118, 181, 195
성	聖	성스러울 성	206
성	成	이룰 성	92, 140, 142, 151, 168, 193, 212
세	細	가늘 세	181
세	世	세상 세	117, 142, 196
세	洗	씻을 세	165
세	歲	해 세	128, 142, 202, 207
소	所	바 소	92, 117, 196
소	昭	밝을 소	117, 141
소	簫	퉁소 소	179
소	燒	불사를 소	145
소	消	사라질 소	145
소	霄	하늘 소	182
소	小	작을 소	126, 225
쇄	灑	뿌릴 쇄	182
속	俗	풍속 속	177
손	巽	손괘 손	127
손	孫	손자 손	118
송	松	소나무 송	199, 223
수	樹	나무 수	118, 182
수	誰	누구 수	198
수	修	닦을 수	135, 196
수	壽	목숨 수	128, 142, 160, 182, 202, 206, 207
수	水	물 수	126, 168, 197
수	守	지킬 수	91
수	獸	짐승 수	115
수	綏	편안할 수	22, 171
숙	孰	누구 숙	119
숙	肅	엄숙할 숙	160, 161
순	順	순할 순	22, 152, 154, 156
순	筍	죽순 순	199
순	舜	순임금 순	179
술	戌	개 술	109, 127
숭	崇	높을 숭	22, 212
승	承	받들 승	152, 190
시	時	때 시	170
시	是	옳을 시	119
시	始	처음 시	134, 136, 170
식	式	법 식	100
신	神	귀신 신	173

신	申	펼. 아홉째지지 신	109, 123, 127
신	辛	매울 신	127
실	室	집 실	68, 118
심	心	마음 심	141, 182, 196
십	十	열 십	93, 109, 202
쌍	雙	둘 쌍	180, 181, 195

ㅇ

아	峨	높을 아	156
안	安	편안할 안	140, 142, 160, 168, 223
암	巖	바위 암	198
앙	仰	우러를 앙	127
앙	央	가운데 앙	207
야	夜	밤 야	183
약	躍	뛸 약	184
애	礙	거리낄 애	199
애	愛	사랑 애	117, 118, 199

양	養	기를 양	199
양	陽	볕 양	98, 168, 189
어	禦	막을 어	118
어	語	말씀 어	199
어	御	임금 어	142
여	與	더불어, 줄 여	118, 207
예	睿	슬기로울 예	23
연	硏	갈 연	183
연	延	끌 연	125, 139, 141, 151, 197, 219
연	淵	못 연	223
연	煙	연기 연	180, 182
연	讌	잔치 연	22, 202
염	恬	편안할 염	119
영	營	경영할 영	92
영	英	꽃부리 영	22
영	永	길 영	22, 100, 161
영	迎	맞이할 영	136, 190, 191
영	盈	찰 영	125
오	五	다섯 오	104, 111, 137
오	午	말, 일곱째지지 오	109, 127
옥	玉	구슬 옥	100, 169, 182, 184, 216
온	溫	따뜻할 온	22
와	瓦	기와 와	112, 197

완	完	완전할 완	119
왕	王	임금 왕	118
요	要	구할 요	119
요	堯	요임금 요	117, 179
용	用	쓸 용	92, 123, 141
용	蓉	연꽃 용	168
용	龍	용 용	184
우	祐	도울 우	219, 220
우	羽	깃 우	180
우	雨	비 우	126
우	宇	집 우	125
우	偶	짝, 우연할 우	196
운	雲	구름 운	182, 185, 195, 198
원	源	근원 원	177
원	元	으뜸 원	22, 23, 150, 151, 152, 159, 161
원	苑	동산 원	197
원	員	수효 원	225
원	遠	멀 원	174
월	月	달 월	104
위	渭	강이름 위	198
위	謂	이를 위	119
위	爲	할 위	117, 196, 212
유	遊	놀 유	171
유	裕	넉넉할 유	22
유	酉	닭 유	109, 127
유	維	맬, 비로소, 바 유	98, 118, 165
유	有	있을 유	183, 196
육	六	여섯 육	104, 117
육	毓	기를 육	218
윤	潤	젖을 윤	182
은	殷	성할 은	117, 198
을	乙	새. 둘째천간 을	127
음	飮	마실 음	196
응	膺	가슴 응	140, 191
의	儀	거동 의	93, 150
의	意	뜻 의	199
의	宜	마땅할 의	141, 152
의	懿	아름다울 의	23
의	矣	어조사 의	119
의	倚	의지할 의	198
이	貽	깨우칠 이	212
이	二	두 이	108
이	貳	두 이	104, 210
이	以	써 이	117
익	翼	날개 익	22
익	益	더할 익	197
인	引	끌 인	181
인	麟	기린 인	171

인	寅	셋째지지 인	109, 127
인	人	사람 인	183, 196, 206, 225
인	仁	어질 인	22, 151, 161
일	一	한 일	104
일	日	해 일	103, 111, 113, 163, 180 181, 184
입	入	들 입	126
임	壬	아홉째천간 임	127

ㅈ

자	字	글자 자	93, 125, 196
자	慈	사랑할 자	200, 209
자	子	아들 자	109, 127, 118
자	紫	자줏빛 자	223
자	資	재물 자	134, 158
잡	雜	섞일 잡	132
장	章	글 장	23
장	長	길 장	22, 155, 168, 184 198, 202
장	場	마당 장	2
장	張	베풀 장	128, 206, 207, 208
장	將	장수 장	91
장	醬	젓갈 장	193
장	杖	지팡이 장	198
장	莊	장중할 장	22

재	齋	재계할 재	161
재	財	재물 재	151
재	齋	재실 재	202, 223
재	才	재주 재	198
재	哉	처음 재	155
저	低	밑, 아래 저	117
저	儲	쌓을 저	216
적	的	과녁 적	53
적	赤	붉을 적	180
적	積	쌓을 적	185
전	轉	구를 전	198
전	前	앞 전	179, 198
전	全	온전할 전	119
전	殿	큰집 전	102, 119, 122, 124, 180
절	節	마디 절	126
정	貞	곧을 정	22
정	政	정치 정	102, 122, 134
정	正	바를 정	104, 165, 170
정	鼎	솥 정	113
정	井	우물 정	142
정	亭	정자 정	130, 174, 223
정	定	정할 정	22
정	靖	편안할 정	22
제	濟	건널 제	100
제	除	섬돌, 없앨 제	199
제	齊	가지런할 제	22, 181
제	帝	임금 제	195

조	釣	낚시 조	195		지	池	못 지	157, 190, 196
조	照	비출 조	181, 182		지	祉	복 지	140, 151, 190
조	朝	아침 조	183		지	知	알 지	196
조	祖	조상 조	22		지	芝	영지 지	145
조	造	지을 조	53		지	至	이를 지	126, 140
족	族	겨레 족	115		직	直	곧을 직	92
					직	稷	기장 직	95
종	宗	마루 종	117, 118, 215					
종	種	씨 종	126		진	進	나아갈 진	191
종	鐘	종 종	183		진	辰	다섯지지 진	109, 127
종	從	따를 종	104		진	震	벼락, 세자 진	212
					진	辰	별지지 진	193
좌	坐	앉을 좌	196		진	眞	참 진	177
주	注	물댈 주	196		집	緝	낳을 집	190
주	廚	부엌 주	145		집	集	모일 집	135, 173
주	酒	술 주	117, 145, 198					
주	宙	집 주	125		징	徵	부를 징	53
죽	竹	대 죽	199, 223					
준	樽	술통 준	179					
준	尊	술통 준	198					

ㅊ

중	中	가운데 중	163		차	遮	막을 차	113
중	衆	무리 중	184		차	此	이 차	196
중	重	무거울, 거듭할 중	198, 210					
					채	采	캘 채	182
지	支	가를 지	108		채	綵	비단 채	181
지	枝	가지 지	96, 199					
지	之	갈 지	118		창	彰	밝을 창	191
지	地	땅 지	184		창	槍	창 창	96
지	志	뜻 지	141		창	昌	창성할 창	22

처 處 곳 처	92, 126	충 忠 충성 충	118
척 戚 친척 척	118	측 仄 기울 측	125
천 千 일천 천	124, 142, 184, 206	치 雉 꿩 치	181
천 天 하늘 천	119, 125, 180, 207	치 治 다스릴 치	117, 208
천 泉 샘 천	198, 223	치 豸 발없는벌레 치	91
		치 致 보낼 치	183
첩 牒 서찰 첩	216		
		친 親 친할 친	117, 215
청 廳 관청 청	68, 91, 98		
청 晴 갤 청	180	칠 七 일곱 칠	104, 216
청 淸 맑을 청	118, 119, 126, 141, 166, 170	칩 蟄 숨을 칩	126
청 靑 푸를 청	42, 112	칭 稱 저울대 칭	182
체 體 몸 체	151		
초 哨 망볼 초	92		
초 招 부를 초	196	**ㅌ**	
초 初 처음 초	168, 181		
추 秋 가을 추	119, 124, 126, 136, 168, 196	태 太 클 태	22, 183
		태 泰 클 태	22, 125, 128, 148, 159
추 推 옮을 추	117		
		통 通 통할 통	150
취 醉 술취할 취	175		
취 聚 모일 취	171	특 特 수컷 특	53
축 丑 소 축	109, 127		
춘 春 봄 춘	117, 119, 122, 126, 180, 191, 202, 206, 214		

ㅍ

판	板	널판지 판	86
팔	八	여덟 팔	104
평	平	평평할 평	181, 196
품	品	물건 품	103
풍	風	바람 풍	193, 197, 223
필	弼	도울 필	168
필	必	반드시 필	135
필	筆	붓 필	183, 198

ㅎ

하	霞	노을 하	157, 185
하	下	아래 하	108, 118, 225
하	何	어찌 하	196
하	夏	여름 하	126
하	荷	연 하	132, 191
학	學	배울 학	117, 196
한	翰	날개 한	118
한	扞	막을 한	118
한	寒	찰 한	126
한	漢	한수 한	119
한	閒	한가할 한	196
함	咸	다 함	151, 188
함	含	머금을 함	134, 150, 152, 170, 182
함	涵	젖을 함	157
함	菡	연꽃 함	180
합	閤	쪽문 합	163, 170
해	亥	돼지 해	109, 127
해	海	바다 해	23
해	獬	짐승이름 해	91
행	行	갈 행	115, 197
향	香	향기 향	113, 132, 168, 174, 175, 183
향	嚮	향할 향	137, 189
헌	獻	바칠 헌	22
헌	軒	추녀 헌	223
현	玄	검을 현	125
현	顯	나타날 현	22, 210
현	賢	어질 현	135, 124, 210
현	現	나타낼 현	3
현	懸	매달 현	86
협	夾	낄 협	118
협	協	맞을. 합할 협	93, 124, 171, 202
협	叶	화합할 협	117

형	亨	형통할 형	151, 165		회	會	모일 회	130, 145
형	逈	멀 형	184		회	懷	품을 회	198
혜	惠	은혜 혜	23		효	曉	새벽 효	197
					효	孝	효도 효	22
호	壺	병 호	169, 185					
호	祜	복 호	218		후	厚	두터울 후	22
호	號	이름 호	22		후	後	뒤 후	196
호	好	좋을 호	117, 197, 207					
					훈	曛	석양빛 훈	180
홍	洪	넓을 홍	125		훈	薰	향기 훈	179
홍	鴻	큰기러기 홍	196					
홍	弘	클 홍	23, 97, 134, 150, 163		휘	暉	빛 휘	151
					휘	輝	빛날 휘	170
화	畵	그림 화	198		휘	徽	아름다울 휘	23
화	花	꽃 화	117, 183, 196, 197					
화	化	될 화	90, 158, 170, 208, 212		휴	休	쉴 휴	118
화	禾	벼 화	206					
화	火	불 화	145		흠	欽	공경할 흠	119, 154
화	華	빛날 화	103, 104, 171, 183, 184					
					흥	興	일어날 흥	97, 142, 198, 208
화	龢	조화될 화	117					
화	和	화목할 화	98, 188		희	嬉	즐길 희	119
					희	戲	놀 희	196
환	煥	불꽃 환	182		희	禧	복 희	22, 220
					희	囍	쌍 희	128
황	黃	누를 황	125, 180					
황	荒	거칠 황	125					